福祉再考

実践・政策・運動の現状と可能性

田中聡子／志賀信夫【編著】
酒井珠江／片田正人／喜田崇之
孔栄鍾／安里長従【著】

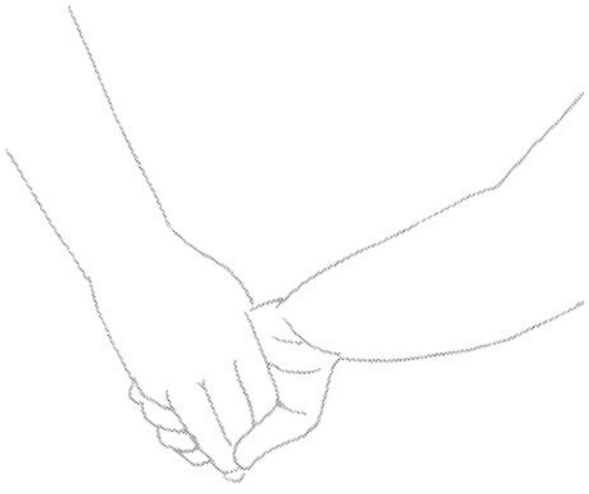

旬報社

はじめに

「自由」と「権利」は、誰かに与えられたものではなく、先人たちがその不断の努力によって獲得してきたものである。

本書は、こうした歴史的事実の連続性を重視するものである。(1)

本書の具体的な目的は、以下の二つである。

第一に、貧困問題をはじめとする生活問題に対する既存の取り組み（対人援助、地域における実践、制度・政策）が直面している限界性について明らかにすることである。

第二に、その限界性をのりこえるための諸契機の一つが「資本－賃労働関係」（「資本－賃労働関係」については本書第7章で説明）の視点を持つことにあると説明し、資本主義批判をともなう社会運動への理論的貢献を試みることである。

本書執筆に至った背景について言及しておこう。

近年の日本では、政治において「経営感覚」というものがよく主張される。しかし、重要なのは「経営感覚」というより「人権感覚」である。「経営感覚」なるものは、しばしば、財政的なひっ迫を理由に、社会的不利性を余儀なくされている人びとの人権をさらに抑圧し、事の優先順位を誤る。

そうした非情で非人間的な行いが「清濁あわせのむ政治家の器量」として人びとに評価されることもある。あるいは、そうした冷たい判断が、現実主義者として肯定的に受け入れられることもある。こうした事態に対する批判をしようものならば、「おめでたい人」ととらえられるだけでなく、「そんなに不満があるならば、あなたが政治家になって政治を変えれば」ということを嘲笑交じりに言われることもあるだろう。それを真に受けて本当に政治に挑戦する人もいる。ただし、多くの場合、それは孤軍奮闘である。疲弊している一部の人びとの目にはそうした孤軍奮闘が熱く迎え入れられることもあるが、孤軍奮闘はやはり失敗の証というほかない（挑戦者の熱意には同意するところがあるのだが）。

権利とは自由の共同的表現である。つまり、権利とは連帯した仲間とともに獲得していく平等化された自由なのである。自由と権利は「お願いすること」や、自らが孤軍奮闘する政治的エリートになることで得られるものではない。連帯が必要であり、その連帯のためには対抗すべきものが何かということに気づく必要がある。

「自由」や「権利」は、不断の努力によって維持されねば抑圧されていく傾向がある。それは、この資本主義社会に生きる人びとの間の利害関係が常に一致しているわけではないからである。とくに、資本家階級と労働者階級のあいだの利害関係は一致するどころか対立している。対立している立場のあいだの力関係は、権力関係として表現されることになるが、資本家階級の権力は「統治」の力として労働者階級に影響を及ぼしている。この「統治」は、対立する階級を暴力的にねじ伏せることだけでなく、その統治を安定的なものとするために、両階級のあいだの対立関係を見えなくさせ、さらには両者の利害関係を共通のものとして粉飾する。

既存の対人援助、地域における福祉実践、地域福祉、制度・政策は、「統治」を指向する力の強い影響下において展開されている。したがって、既存のあり方を所与の前提として受け入れることなく、その「統治」の影響がどのようなところに見出され、「人権感覚」を欠如した判断が入り込む余地がどこにあるのかを分析していく必要がある。こうした作業は、粉飾された現実について、その実際を明らかにし、連帯の契機を現実のなかに見出していこうとする過程に他ならない。

以上のような目的と背景にもとづいて、本書は全7章を3部に分けた構成となっている。

第1部は、3章から構成されており、福祉実践の意義と限界性について論じている。ここでいう福祉実践とは、単に専門職が遂行する福祉行為のみを指示するのではなく、人びとの「福祉（well-being）」向上のための具体的実践全般を指している。

第1章では、相談援助に携わるソーシャルワーカーの「福祉実践者」と「賃金労働者」という二重性のなかで見いだされる葛藤《かっとう》と限界性について、筆者（酒井珠江）の経験から得た知見が記述されている。

第2章では、地方議会に携わってきた筆者（片田正人）の経験から「議会のなかから政治はかかわらない」という結論が引き出され、市民による生活をめぐる具体的な要求活動や実践こそが重要であるということが論じられている。

第3章（田中聡子が担当）では、福祉の現場や地域実践を支える福祉制度に関する学術的知見が示されている。本章は、第1部のまとめの章でもある。

第2部は、2章から構成されており、社会保障制度・政策の意義と限界性について検討されている。またこの検討にもとづいて、制度・政策がただ存在するだけでは十分でなく、それらの制度・政策を機能させる取り組みや社会運動の必要性も記述されている。

第4章では、筆者（喜田崇之）が弁護士として携わってきた司法現場の視点から、制度を人間的なものとして機能させるためには、それを支える社会運動の展開が重要であることについて論じている。

第5章（孔栄鍾が担当）では、社会保障制度と社会保障運動の関係性について学術的な整理を行っている。

第3部は、2章から構成されており、社会運動に必要な視点について検討されている。この部分では、とくに貧困や差別を生み出し、固定化し、助長する社会構造に注目している。

第6章では、筆者（安里長従）が沖縄の貧困問題と基地問題に携わってきた経験から、自由と権利を奪い続ける社会構造に対する批判の視点の重要性を強調すると同時に、社会構造批判から目を逸らさせる言説の危険性について言及している。

第7章（志賀信夫が担当）は、貧困をはじめとする生活問題が「資本‐賃労働関係」から生じ、固定化され、助長されている現状に鑑みて、反貧困・反差別の社会運動には資本主義批判が含まれるべきであり、そうした視点の必要性を具体的に説明する学術的知見の必要性を説明している。

〔志賀信夫〕

【注】

（1）日本国憲法第九七条において、以下のように確認されている。「この憲法が日本国民に保障する基本的人権は、人類の多年にわたる自由獲得の努力の成果であつて、これらの権利は、過去幾多の試錬に堪へ、現在及び将来の国民に対し、侵すことのできない永久の権利として信託されたものである」。なお、この文章は、自由民主党の憲法改正草案においては全文削除されている。

目次

第1部

福祉実践者は代弁者となりうるか

——自助・互助推進政策のなかで——

第1章

「賃金労働者」と「福祉の実践者」というソーシャルワーカーの二重性について
――子ども家庭福祉に携わるなかで得た知見

酒井珠江

私は、一九九七年から二〇一八年までの二一年間、市福祉事務所設置の家庭児童相談室、家庭相談員として、子どもとその家族に関わってきた。この経緯をふまえ、本章ではソーシャルワーク実践における矛盾や限界性について述べる。また、児童福祉の枠内の問題としてではなく、子どもや家庭の生活問題を社会の問題としてとらえ、組織の一員として「できること」と「できないこと」について、実践から振り返る。

1 市町村における児童家庭相談の変遷

家庭児童相談室は一九六四年、「厚生事務次官通知および設置要綱」[1]にもとづき、全国の福祉事務所内に順次設置された、一八歳未満の児童に関するあらゆる相談に応じるための「家庭支援」機能を意識した公的制度である。ゆえにその名称は「家庭」児童相談室であり、職名は「家庭」相談員である。

当時の社会情勢は高度経済成長期にあり、炭鉱閉山によるエネルギー政策転換の影響を受けて、「家庭」は新たな課題に直面していた。文科省が発表した小学校・中学校の要保護児童生徒は全体の三％、準要保護児童生徒は全体の七％であり、全体の一〇％が生活困窮家庭であった[2]。また厚生労働省は、全国の出稼ぎ家庭で暮らす人を約三〇万人、父親不在、母親も農業の担い手など、就労の理由から欠損家庭も増大したと報告している[3]。このような生活問題が家庭機能不全を招いたことを反映してか、少年による犯罪の凶悪化・粗暴犯や薬物乱用等、少年非行の第二次ピークもこの時期と重なる[4]。

それまでの戦災孤児、遺児などの要保護児童の緊急対策から、この時代には一般家庭における健全育成へと重要課題が移り、要保育児童の増加、交通事故その他による事故死や障害、遊び型非行などの新しい児童問題が顕在化し始めていた[5]。政府は「人づくり政策」において、「人づくりの基本は健全な家庭づくり」にあることを強調し、児童局から児童家庭局に改称し五ヶ年計画で福祉事務所に家庭児童相談室を設置することになった[6]。いわば機能不全家庭を「健全な家庭にする」ための専門相談指導業務が期待されたということである。また、地域住民の積極的参加による児童の福祉向上のための地域活動の推進についてもふれられた。児童福祉法にもとづく児童相談所の枠組みはそのままで、家庭児童相談室は家庭や地域における児童健全育成を推進するための、児童相談所の補助機関として機能することが期待されていたといえる。

一九九八年、社会福祉基礎構造改革に先行し、児童福祉法は改正された。保育所の見直しや児童福祉施設の目的に「自立支援」が組み込まれた。専門性の高い児童家庭支援センターの相談事業が新設され、保育所での相談実施、児童自立生活援助事業の法定化、地域子育て支援センターの機能拡充などが新たに加わり、相談窓口は多様化した。竹中は、「児童家庭支援センターの役割の重視に対し、家庭児童相談室は極めて軽視された」(竹中 二〇〇四：五一)と、家庭児童相談室の機能強化を訴えている。一方で家庭児童相談室は地域のネットワークの核として、関係機関の連絡調整を担うマネジメント機関として機能することが期待されるようになった。

二〇〇〇年、議員立法により児童虐待防止法が成立した。身体的虐待、心理的虐待、性的虐待、ネグレクトの四つの虐待種別の定義が確立し虐待に関する認識共有が図られたことは、その可視化を進める契機となった。事象に概念が与えられ、悲惨な虐待事件報道が増えたこともあって、児童相談所における児童虐待対応件数は急激な上昇を見せ始める。全国の市町村における虐待相談対応においてもまた、同様の現象が生じた。それまで、欧米と比較して少ないと認識されていた子ども虐待が、わが国の身近な地域でも増加あるいは頻発していたことが認識されるようになると、それを防止するためのネットワークづくりが、任意ながらも各地で取り組まれるようになった。これが任意の児童虐待防止ネットワークである。このネットワークはのちに「要保護児童対策地域協議会」として法定化されることとなる。

こうした状況を背景に行われた二〇〇四年の児童福祉法、児童虐待防止法の二大法改正(7)は、市町村における児童家庭相談においても大きな転換点となった。児童相談のみならず、児童虐待通告の第一義的な窓口機能が市町村に義務づけられたのである。これにともない、家庭児童相談室が虐待対応窓口へと一変する事態となったのである。市町村における児童相談体制は法的位置づけも曖昧で、人材確保や研修体制も不十分なまま、とりわけ家庭児童相談室の設置がない自治体では児童相談体制が整わないままの新規業務ともなった。児童福祉現場において「二〇〇五年ショック」[8]とも評された。「寝耳に水」の混乱や怒りは、児童相談所と市町村の二層構造のなかで業務の押し付け合いをもまねいた。福祉事務所に設置されているとはいえ、家庭相談員の配置はもともと他の各種相談員同様、非常勤のひとり職場が多い。子どもの問題の背景にある家族の生活問題への対応が設置目的とされる以上、生活困窮家庭、メンタルヘルス問題や障害のある親への支援など、高い専門性や臨床能力を求められる業務内容も少なくない。にもかかわらず、相談員の処遇条件は不十分で職務内容のばらつきも大きく、市町村格差が問題とされていた。そうした不安定な基盤のうえに、整備のための十分な時間も与えられないまま、大きな責任が押し付けられるかのように降ってきた。市町村にそうとらえられても無理はない状況ではあった。ひとたび虐待通告が入ると、目視による安否確認、基本調査等、スピードを重視した初動対応に追われることとなる。家庭相談員の動き方も、個人から組織的なチームへと大きく変化した。

「気になる」「心配な」家庭の大半は、「虐待」の定義にあてはまる常に意識的なモニタリングを要する世帯として再規定された。さらに、任意設置であった児童虐待防止ネットワークは、「要保護児童対策地域協議会（以下、要対協という）」として法定化され、さらに二〇〇八年にはその対象が要保護児童に加えて「要支援児童、特定妊婦」まで拡大し、二〇一六年にはすべての子どもにおける切れ目のない支援体制整備が進められることとなり、二〇二二年までに全国の市町村に「子ども家庭総合支援拠点」が設置されることが打ち出された(9)。

二〇一九年には親による体罰禁止を盛り込んだ改正法が成立し、児童虐待防止対策の抜本的強化について、体罰を法律で禁止することを明確化した。

家庭児童相談室の家庭相談員として活動してきた二一年間を振り返ると、子ども虐待をめぐる社会的な対応基盤の弱さを思わずにはいられない。現場は、これまでがそうであったように、今もなお厳しい業務飽和状態にある。

2　家庭児童相談室の機能と支援の基本的な位置づけ

家庭児童相談室設置要綱には「家庭は児童育成の基盤であり、児童の人格形成にとって、極めて大きな影響を及ぼすものであるが、近年における社会の変動に伴う家庭生活の変化は、家庭における児童養育にも大きく影響し、これが児童非行発生の要因となっている現状にかんがみ、特に家庭における人間関係の健全化及び児童養育の適正化等家庭児童福祉の向上を図るための相談指導援助を充実強化するために、福祉事務所に家庭児童相談室を設置するものである」と、家庭における子どもの健全育成が明記されている。また、家庭児童相談室の職員には常勤の「社会福祉主事」と非常勤の「家庭相談員」を配置することになっている。社会福祉主事には、各種制度の手続きや、関係機関との連絡調整等のケースワークを担当し、家庭相談員にはカウンセリング機能を期待されていた。しかし現場では、このような明確な役割分担は曖昧で、専門職が複数いるところもあれば、事務作業の手伝いなど、自治体格差は大きかった。また家庭相談員に任用される条件としては、①大学において、児童福祉、社会福祉、児童学、心理学、教育学、社会学を専修したもの、②医師、③社会福祉主事として二年以上児童福祉事業に従事したもの、④家庭相談員として必要な学識経験を有するもの、であった。のちに相談援助の専門資格である社会福祉士が追加されたものの、家庭相談員にはとくに専門性が必要とされていなかったのである。相談内容は「性格・生活習慣等」「知能・言語」「学校生活等」「非行」「家族関係」「環境福祉」「障害」「その他」と分類され、「虐待」という種別はなかった。経済的な問題、養護に欠ける問題や虐待問題等は「環境福祉」に含まれていた。

一九六七年の家庭児童相談室相談対応指導処理件数一四万八二六一件のうち、「環境福祉」は二万八四三八件で最も多いことがわかる[(10)]。国の方向性は、公的制度として初めて意識的に家庭全体を志向する相談にカウンセリング技術の向上が期待されていた。

私が入職した一九九七年には、全国家庭相談員連絡協議会の実態調査では家庭児童相談室は約九八〇室で、一六〇〇人ほどの家庭相談員が働いていた。当時、児童相談所は全国に約一七四ヵ所ほどであったため、その数は圧倒的に多く、より小さな行政区域の福祉事務所内に設置されており、住民にとって身近な相談室であった。だが、横のつながりも弱く、児童相談所の下請けのような位置づけとなっていた。例外的に、障がい児に関しては母子保健、障害児通園施設、障害児保育について庁内ネットがゆるやかにあった。

子どもの発達に関する不安、育児・しつけについての相談は、母子保健からつながることが多かった。家庭相談員は、手帳取得や療育機関紹介、手当等の福祉サービスについて情報提供を行い、養育困難になる前の早い段階から親の負担軽減を図る重要な役割を担っていた。

これに加えて、私は、障がい児と親の集いには積極的に出向き、餅つきやクリスマス会のほかに、動物園や水族館にも、組織の行事として上司や職員とともに参加した。面談では見ることのなかった母親たちの笑顔や、穏やかに子どもへ声をかけている一面をみると、普段接している親子は全体のごく一部であることがわかってきた。また、夫や兄弟との家族関係、他の家族との交流など、親同士のコミュニティも深まっていった。しかし、そうした市独自に行われていた親同士のつながりづくりも、親の会等の全国的な組織化が進み、事業廃止となった。継続を希望する一部の保護者の声はあったが、私はその声を届けるだけで、組織の決定に従う一相談員でいるしかなかった。つながる場がなくなると、親の養育困難さが徐々に見えなくなっていった。

家庭児童相談室の機能は、親への寄り添い型支援が中心で、権限もなく、対等な関係性のなかで地域の民生委員や主任児童委員とともに子どもの所属機関との連携を図りながら、家庭の生活問題の軽減を図るものであった。現在ほど非常勤職が多い時代でもなく、必要な時代でもなかった。しかし、そのようななかでも上司や同僚職員は非常勤職の私に、働きやすい職場環境を提供してくれた。とくに専門的な研修の機会を多く与えてくれた。毎年の県外研修もその一つであった。この職場環境でなければ、ここまで長く働くことはできなかったと改めて思う。

家庭児童相談室は福祉事務所内の設置ということから、生活保護に関する苦情や、子どもの所属機関である保育所や学校への不満、育てにくい子どもの発達課題、ひとり親の就労支援等、福祉六法に関する内容が多かった。相談者は母親が多く、実家との折り合いも悪く、家事や育児に協力してくれる親族不在のなかで、親族からも孤立しがちであった。私はそうした母親からの相談をひたすら聴き続けた。子どもの問題や家族の問題を延々と話すなかで、最終的には経済的な不安定さから関係性の悪化に至り、問題が悪化していることを整理していく。制度的には生活保護制度以上のものは用意できないのが現状であった。彼女らはすでに生活保護を利用しているが、それでもなお、直面している生活問題に対応できず苛立ちを感じていた。「お金がない」「福祉は何ができるのか」「死ねってこと」。こうした母親らの言葉に葛藤を感じながら、できることを探していく日々であった。主訴に応じて社会資源につながるよう調整をしても、どこにもつながろうとしない。彼女らの真のニーズは「お金がない」ということであった。

親や子どもの病気や障がい、経済的基盤はいつも不安定で、きわめて厳しい生活状況の家庭の相談が多かった。過酷な子ども時代を生き抜いて、出会った人から暴力を受け、子どもは落ち着きなく、助けを求めた親族からは「しつけができてない」と批判され、いくら働いてもやっとの生活である。

近隣からも孤立し、疲れ切った親の不安やいらだちが子どもに向けられてしまうこともある。子どもの年齢に応じた対応が困難で、どうしたらいいのかわからない、ことごとくうまくいかない養育困難の家庭は一定数存在する。早期に関わる必要性がある。しかし、福祉制度やサービスはいくらあっても、本人のニーズにマッチした枠組みにはなりにくい。

この当時は障がい児の通園についても、親が送迎するというのがあたりまえであった。送迎が難しいという理由で通所や通園に至らない場合も少なくなかった。本書第2章（片田論文）でも論じられていることと重なるが、支援者が良かれと思って決めるサービス内容は、ただの押し付けになってしまうことも多々ある。ましてやそこに「子どもの声」がどれだけ届き、保障されてきたか。それが真の思いだったかどうかもわからない。親の気持ちに寄り添って、手間のかかる作業を一緒にすることで、親の語りが自然なかたちではじまることもある。とくに母方実母との関係が悪化している場合は、いつも心のどこかで、自分をすっぽりと受け入れてくれる大人を探し求めているようにも思えた。毎日同じ場所に常駐する家庭児童相談室の機能は、「いつでもここにいるよ」という駆け込み寺のような場所だったのかもしれない。

専門的な機能がないことが親しみやすさにつながったのかもしれないと、私は考えるようになった。その当時（一九九〇年代後半）、親へのケアはほとんどない時代であった。親への行動変容や認識変容を求めるまえに、支援者が自分の価値を押しつけていることに気づく必要がある。ソーシャルワーカー個人や地域実践だけではできないことや限界があることを認め、できないことをできるようにする社会へのはたらきかけも必要である。

子どもへの直接支援は、子どもに関わる大人が増えて、子どもが支援してほしい人を自分で選択できる可能性がある。保健師、保育士、教員、相談員、民生委員・主任児童委員、近所のおばちゃん、頼れる候補者に私たち大人はなれればいいと思う。こうして家庭児童相談室は緩やかなネットワークのなかで、とくに母親への寄り添い型支援を軸に実践を重ねてきたのである。

こうしたなかで、児童福祉行政の現場は、児童虐待の増加にともない、さらに法改正が繰り返されていく。時代の大きな流れに乗って、市町村における児童家庭相談体制機能も、求められる役割そのものが大きく変化してきている。そして、このことが現在に至る子ども虐待対応の課題にもつながっていくことになる。

3　現場の苦悩と児童福祉政策のギャップ

二〇〇四年の児童福祉法改正により、市町村に児童家庭相談が法定化され、児童虐待通告窓口の設置が義務づけられた。これにより、これまでの家庭児童相談室の機能や役割が一転するきっかけとなった。背景には、児童相談所の虐待対応が追いつかず、悲惨な事件が起きるたびに、マスコミの報道により児童相談所への批判が増加したこともある。児童福祉法の改正だけでこの社会問題が解決に向かうはずもなく、現場は疲弊するばかりであったが、国の政策として、軽微な虐待相談については市町村がその責務を負うことが明確にされた。わが町の子どもは、町にあるすべての資源を使って、町ぐるみで親も子も守っていくという考え方が表明されたのである。国や都道府県、市町村の役割も明確になってきた。しかし、このような国の流れが市町村には届きにくく、多くの自治体で混乱が生じた。

私自身、一日六時間勤務のなかで、いま以上のさらに重い荷物を背負わされた感覚になったが、立ち止まることも許されず、進むしかない状況であった。子どもと親のウエルビーイングを向上させたいが、そのことすらできないのである。前日まで、家がゴミであふれる親に寄り添い、親のできたところを喜びあいつつ、チームアプローチを展開していた同じ家庭が「ネグレクト」ということで「中度虐待」の事案対応に変化することもあった。それによって初期調査、アセスメント、所属機関への安全確認連携、当面の目標など、場合によっては個別ケース検討会議が必要となった。法改正により兄弟事案も要対協登録児童となり、ケース進行管理の対象になるため、五人兄弟であれば五人分の個別ケース、安全確認が必要となり、同様の通告が二件入れば、一〇人分の安全確認やケース立ち上げが必要になってくるのである。こうして私は、記録や通告票などの事務作業に忙殺され、母親と直接顔を合わせる機会も時間も減っていった。

先述した二〇〇四年児童福祉法改正により、家庭相談員を正規職員として市町村業務に明確に置き換える自治体もいくつかあった。国の通知文でも家庭児童相談室との連携が強調された(11)。多くの市町村は、「児童相談」と名前のある「家庭『児童相談』室」をそのまま市町村児童家庭相談体制へと組み込んでいくことになった。これが「家庭児童相談室はばらつきがありすぎる」と言われる所以である。

こうした変化にともなって、実務としての相談業務が量的に負担増となったが、明らかにこれまでと異なる点は、ひとりの子どもの人生を大きく変える可能性があるポジションになったことである。児童虐待の通告受理後は、四八時間以内の目視による安全確認が求められ、そのためには総合的なアセスメントが要求される。慣れないなかでも必要に迫られ無理にでもなんとか業務をこなさざるを得ず、周囲に困難さを伝える機会も喪失していった。今でも家庭相談員のひとり職場は少なくない状況である。一方で、家庭相談員の複数採用や処遇改善など組織のあり方を見直し、機構改革をする自治体も増えてきた。市町村児童家庭相談運営指針は、家庭相談員の「積極的な活用」と市町村に権限を与えながら、その処遇は非常勤職員のまま高い専門性を求められるものとなっていった。この二〇〇四年には要対協も法定化された。

要対協とは、子どもが安全で安心な状態で親と暮らし続けるためのシステムであり、子どもを守る地域ネットワークである。児童福祉法においても位置づけを与えられており、虐待の早期発見や適切な支援を図るために、関係機関が情報共有し連携を深めていくべきものとされている。要対協の発足により、たとえば教育上の諸問題の根底に虐待問題があることや、不適切な養育の背景には親のメンタルヘルス問題のほかに、家族の複合的な生活問題があることが可視化できるようになった側面がある。だがその一方で、未だ子どもの権利擁護という価値の共有が十分にできていないところもあり、要対協の取り組むべき課題は依然として残されたままである。

これに加えて、財政が潤沢ではない自治体や体制整備が不十分な自治体では、家庭児童相談室の役割として、児童虐待通告窓口と要対協調整担当者、二〇〇七年には要対協の対象が要支援児童、特定妊婦にまで拡大されていった。ここまでくると、オーバーワークであることは間違いない。制度、政策が先に立ち、体制整備がまったく不十分なまま、家庭相談員は矛盾や葛藤を感じていた。それでもなお、未だ地道に親支援を続けている全国の家庭相談員は多数いる。いうまでもなく市町村は、人材確保を積極的に行っている。正規職員が中心的な相談援助を担っている自治体も多い。だが、慢性的なマンパワー不足のなかで、悲惨な事件が起き、助けられなかった命に向き合う最前線の人びとは、身体的、精神的、社会的にも疲弊しきっている。この実情を変えていかなければ、児童虐待への対応は監視を強め、家庭への取り締まりとなり、さらに負のスパイラルとして厳しい状況に陥ってしまう可能性がある。市町村福祉行政ができることの限界や、児童福祉の限界を超えている実情をどう解決していくのか、支援者がこのような状況で子どもや家庭に向き合うことをこれからも余儀なくされ続けるならば、そのネガティブな影響は当事者へ跳ね返ることになりかねない。

4　福祉実践者と賃金労働者の二重性

柏女は、子ども家庭福祉供給体制について「高齢者福祉、障害者福祉と決定的に異なるのは、供給主体が都道府県と市町村による二元化体制であること」、「社会的養護などは行政による決定（行政処分）に委ねる部分が多い」こと、「子ども・子育て支援制度における契約領域も保育所等行政の決定によるものが混在している」こと、さらに「国の所管が厚生労働省子ども家庭局、同障害保健福祉部、内閣府子ども・子育て本部といった複数の府省等にまたがっていること」と述べ、これらによって「利用者にも支援者にも非常に理解しにくい構造をもたらしている」と述べている（柏女 二〇二〇：二八）。

たとえば児童福祉施設である母子生活支援施設等は、主にDV等から逃れ、一定期間を経て自立するための施設となっている。そこでは、できるだけ早く安心した生活ができるよう、自立支援計画が立てられる。母子の生活が安定するまでの通過施設と位置づけられている。入所から数ヵ月すると、「自立」という言葉とともに、施設はハローワークとの連携で個に応じた就労支援を進めていくことになる。生活の場所が確保されたとしても、傷ついた人間の回復は時間がかかる。いくつかの制限を守りながら、見知らぬ土地で、見知らぬ人たちと、慣れない仕事を、頼る人間もいないプレッシャーのなかでこなさなければならない。当然だが、うまくいく人もいれば、トラブル続きでうまくいかない人もいる。行政からは「一日も早く困難を乗り越えて、子どものためにも働いて、自立する良い「母親」になること、あるいはそれに近づくことを求められる。基本的な信頼関係が持てないなかで、能力以上の期待は母親の心の余裕をなくし、相談員との会話も減り、他の入所者との関係性がギクシャクして、精神的に不調となる。過去の不安や恐怖がフィードバックし、常に不安な状態で子どもを育てることになる。日々のストレスは子どもに直接影響し、学校への行き渋りや友人とのトラブルが生じやすくなる。親はさらにストレスフルになり、「お母さんはこんなに頑張っているのに」と子どもを非難するようになる。一つの家庭を児童福祉、精神保健福祉、学校、就労支援と複数の関係機関が包括的、継続的に支援を展開するとしても、子どもや親の主体性を尊重せねばならないことは、共通の基本事項であるが、その基本が共有されていないことがよくある。

母子生活支援施設等に入所した母親たちが、暴力のない生活にやっと慣れてきたころには、自立支援計画にそって就労可能性も開かれたと判断され、退所の方向性が示される。だが、仮に一時的に安定した生活ができたとしても、退所すれば、結局は生活が成り立たないため、元のさやに納まるか、ほかの男性とのＤＶが再現することも少なくない。

私は彼女らの不安に付き合って「すぐにできなくてもいい、人に甘えていい、ゆっくりと考えていきましょう」と言いたくても、組織の意向もあり、それができないことも少なくなかった。全国的に増加するＤＶ事案の受け入れに対して、対応できる件数と予算に制約もあり、ソーシャルワーカーとしての本分について、私自身の意に反して全うすることが許されていない状況にあったからだ。数ヵ月から数年と入所期間は個に応じて異なるが、就労可能だと判断され精神的な落ち着きを取り戻せた親子には、安全な住居が確保されたうえで退所してもらわなければならないのである。限られた予算、組織の方向性、組織の一員として、退所を切り出す必要が幾度となくあった。しかもそれが本人の意思に反するときもある。本来、私は親の思いを受け入れ、その代弁者となる機能を期待されていたはずであるが、ニーズに沿うことができないこともあった。そして、そのことは子どもと親の生活全体に影響を及ぼしたかもしれない。

組織の決定を伝えるための手段とならねばならず、退所したくないという本人の思いを受け止めることができなかった。

私が葛藤するのは、親の主体的な思いを受け入れる立場であるとともに、賃金労働者でもあるということにその原因の一つがある。つまり、行政に雇用されている立場である。この福祉実践者と賃金労働者という二重性のなかでジレンマが生じるのである。本来なら、親の気持ちを代弁して、行政に働きかけるアクションを起こすのがソーシャルワーカーである。それができずに親の意に反する決定を行政が行うことによる影響は第一に子どもに跳ね返ることを知っていながらも、最終的には組織の判断に従わざるを得なかった。

ソーシャルワーク実践と労働者の役割のなかでジレンマが生じる。これが対人援助の限界性を生起させている。

5　生活問題とソーシャルワーク実践をつなぐ

二〇一八年度に「全国の児童相談所が対応した児童虐待相談対応件数」は過去最多の一五万九八五〇件にのぼり、前年比約二〇％の増加率である[12]。また、二〇〇五年から始まった「子ども虐待による死亡事例の検証結果」第一五次報告によると、心中を含む虐待死亡数はこれまで一五年間に一三〇六人である[13]。

二〇一六年以降、市町村では、妊娠期から一八歳までの切れ目のない支援の仕組みづくりが進められ、子ども虐待防止の施策が進んでいる。「特定妊婦」とは、生まれた後に養育支援が必要となる妊婦であり、要対協の支援対象でもある。「産みたくない」、「育てる自信がない」、「お金がない」、「頼れる人がいない」などの様々な事情や生活上のストレスを余儀なくされている妊婦のことである。

予期せぬ妊娠に不安や絶望を抱えたままで出産を迎えようとする特定妊婦のストレス軽減は最優先事項である。とくに若年妊婦は、受診ができずに、母体や胎児の健康状態もわからずに、自宅出産の危険性もある。基本的な信頼関係が脆弱であることも多く、監視に敏感である。彼女らは警戒心も強くなり、叱責されないよう関係構築を回避することは、彼女らにとっては短期的な精神衛生上、合理的な選択となることもある。命の危険が及ぶこの時期にこそ、ソーシャルワーカーはクライエントから「役に立つ人」と認めてもらう必要がある。正論ばかりの指導助言は支援拒否をうみ、結果として妊婦である母親や胎児のケアが十分できなくなる。

児童福祉法第一〇条には、市町村の業務として、「児童及び妊産婦の福祉に関し、必要な実情の把握に努め」、（略）「家庭その他につき、必要な支援を行うこと」、そのための「体制整備に努めるともに」、「人材の確保及び資質の向上のために必要な措置を講じなければならない」と明記されている。

私は福祉実践者として、児童福祉に関する法律が改正されるごとに、その位置づけや業務量、専門性について悩み、迷い、本人のニーズとは異なる方向へ進まざるを得ないことが少なくなかった。ソーシャルワークの成果は見えにくく、事象にばかり着目しがちで、全体を俯瞰することができていなかった。現在は児童家庭相談室という職場を去ったことで、生活問題への対応について、これまでの福祉実践を振り返り、組織で働くソーシャルワークの限界性を構造的に知るための時間を得ることができ、本稿の執筆に至っている。

生活問題への対応について私が実践してきたソーシャルワークは、その体制の不備についても声を上げずに、ただひたすら働いてきた。組織の一員としてふるまうことは、ときとしてソーシャルワークの本質を追求することと、矛盾・葛藤する。そうした限界性を感じつつ、それでも私は子どもやその家族の「代弁者」であり続けたいと強く思うのである。まずはソーシャルワーカーが横につながっていくことで、各々の職場環境をより良いものにしつつ、ソーシャルワーク実践の基本に立ち返ることが可能となるような方途が模索されねばならない。このような取り組みは、ソーシャルワーカーとクライアントの利益のみならず、社会全体の利益にも貢献すると私は考えている。

【注】

（1）家庭児童相談室設置要綱　昭和三九年四月二二日発児第九二号　各都道府県知事・各指定都市市長あて厚生事務次官通達〈https://www.mhlw.go.jp/toukei_hakusho/hakusho/kousei/1964/（2020-7-1）〉。

（2）文部省　我が国の教育水準（一九六四年度）第三章就学援助（1）要保護及び準要保護生徒対策〈https://www.mext.go.jp/b_menu/hakusho/html/hpad196401/hpad196401_2_055.html（2020-7-1）〉。

（3）『厚生白書』一九六四年第二部第８章「児童と家庭に対する福祉対策はどうなっているか」第１節「児童の健全育成１　家庭児童相談室の活動」〈https://www.mhlw.go.jp/toukei_hakusho/hakusho/kousei/1964/dl/02.pdf（2020-7-1）〉。

（4）警察庁「刑法犯少年の検挙人員・人口比の推移」（昭和二四年～平成二四年　第二項「少年非行の現状と対策」）〈https://www.npa.go.jp/hakusyo/h25/honbun/html/pf222000.html（2020-7-17）〉。

（5）佐藤悦子・庄司洋子（一九九三）「家庭児童相談室の現状と家庭相談員の意識」『応用社会学研究』三五、一〇七頁。

（6）中田幸子（一九七〇）「社会変動と児童福祉の動向――一九六〇年代を顧みて――」『立正大学文学部　論叢』三七、九六～一三五頁。

（7）厚生労働省「児童福祉法一部改正について」（雇児発第一二〇三〇〇一号平成一六年一二月三日）〈https://www.mhlw.go.jp/seisakunitsuite/bunya/kodomo/kodomo_kosodate/dv/dl/131025_4.pdf#sear ch=’2004%E5%B9%B4%E5%85%90%E7%AB%A5%E7%A6%8F（2020-7-18）〉。

（8）志村浩二（三重県亀山市子ども総合センター専門監）の表現。「市町村における児童家庭相談の実態と今後の課題」『子どもと福祉』（2）二〇〇九年、七二頁。

（9）厚生労働省「市区町村子ども家庭総合支援拠点の設置運営について」（雇児発〇三三一号第四九号平成二九年三月三一日）〈https://www.mhlw.go.jp/file/06-Seisakujouhou-11900000-Koyoukintoujidoukateikyoku/0000161700.pdf#search=’%E5%85%90%E7%AB%A5%E7%A6%8F%E7%A5%89%E6%B3%95%E6%94%B9%E6%AD%A3+%E5%AD%90%E3%81%A9%E3%82%82%E5%AE%B6%E5%BA%AD%E7%B7%8F%E5%90%88%E6%94%AF%E6%8F%B4%E6%8B%A0%E7%82%B9%E5%85%A8%E5%B8%82%E7%94%BA%E6%9D%91%E8%A8%AD%E7%BD%AE’〉。

（10）『厚生白書』一九六八年版　厚生省統計調査部「厚生省報告例」第三-一-二図「家庭児童相談室相談指導処理件数」〈https://www.mhlw.go.jp/toukei_hakusho/hakusho/kousei/1968/dl/11.pdf（2020-7-18）〉。

（11）厚生労働省「市町村児童家庭相談援助指針について」（雇児発第〇二一四〇〇二号平成一七年二月一四日）〈https://www.mhlw.go.jp/bunya/kodomo/dv-soudanjo-sisin-honbun1.html（2020-7-20）〉、『市町村子ども家庭支援指針』（ガイドライン）について（雇児発〇三三一第四七号　平成二九年三月三一日）に変更される。

（12）厚生労働省「平成三〇年度児童相談所における児童虐待対応件数」〈https://www.mhlw.go.jp/content/11901000/000533886.pdf（2020-7-20）〉。

（13）厚生労働省「子ども虐待における死亡事例等の検証結果等について（第一五次報告）」〈https://

www.mhlw.go.jp/content/11901000/000533885.pdf（2020-7-20）。

参考文献

柏女霊峰（二〇二〇）『子ども家庭福祉における地域包括的・継続的支援の可能性――社会福祉のニーズと実践からの示唆――』福村出版。

志賀信夫・畠中亨（二〇一六）『地方都市から子どもの貧困をなくす――市民・行政の今とこれから――』旬報社。

埋橋孝文・矢野裕俊・田中聡子ほか（二〇一九）『子どもの貧困／不利／困難を考えるⅢ――施策に向けた総合的アプローチ――』ミネルヴァ書房。

松宮透高・黒田公美監修／松宮透高編（二〇一八）『メンタルヘルス問題のある親の子育てと暮らしへの支援――先駆的支援活動例にみるそのまなざしと機能――』福村出版。

山縣文治監修（二〇〇〇）『家庭児童相談室で出会った親子』ミネルヴァ書房。

佐藤悦子・庄司洋子（一九九三）「家庭児童相談室の現状と家庭相談員の意識」『応用社会学研究』三五、一〇三～一二一頁。

竹中哲夫（二〇〇四）「再考・児童相談所はなくなるのか」『日本福祉大学社会福祉論集』第一一〇号、四五～八七頁。

中田幸子（一九七〇）「社会変動と児童福祉の動向――一九六〇年代を顧みて――」『立正大学文学部論叢』三七、九六～一三五頁。

第2章

政治・行政の限界性と地域における福祉実践

片田正人

本章では、地方議会における議員経験、および地方小都市における筆者の困窮者支援の経験から、地域における福祉実践の意義と限界性に関する知見について、具体的事例を挙げつつ論述する。またその論述にもとづいて、地域における福祉実践において社会横断的な志向性を持った「市民活動」の視点が重要であることについても言及する。

1 はじめに

私がたずさわっているNPO法人「結い」は、二〇一六年七月に認証を受けて以来、宮崎県日向市を中心に活動を続けている。

「結い」の主な活動内容は、社会的排除や貧困などの理由から、日々の生活に生きづらさを感じている人たちを主な対象として、それら対象者の生活における問題や課題をともに発見していくことを活動の第一のテーマとしている。具体的な活動内容としては、明らかになった生活問題や課題について、ともに考え、次のステップに進む手助けをするための相談・見守り事業を行っている。また、経済的な困窮やネグレクト、社会的な孤立などの理由により、十分な食事をとることができない世帯に対して、「結い」の活動に協力を得ている企業や団体、個人から支援していただいた食料を届ける配食事業も行っている。さらに、食料以外にも日常生活に必要な物資が不足している世帯に対して、必要物資を提供する物資援助事業、主に小学生から高校生を対象に、夏季や春季の長期休業中に中心に行う学習支援事業なども行っている。以上のようなNPO独自の支援事業を行うとともに、他の公的機関や民間の組織、個人と連携しながら、より適切な支援へと繋いでいくことも「結い」の重要な事業として挙げられる。

「結い」にたずさわるようになる以前、私は、一九九九年から二〇一一年の一二年間、宮崎県日向市議会議員として、地方自治の現場で、政治・行政に直接関わる活動をしてきた。市議会議員としての活動は二〇一一年でひと区切りとして、それまでを振り返りながら、新たな活動を模索し、試行錯誤をしていたなかで、縁あって現在の「結い」のメンバーと知遇を得て、団体結成時よりともに活動させていただくことになり、現在に至っている。

「結い」の活動については、その方針として「できることを、できるときに、できるだけ」というスタンスをメンバー間において共有している。それは、支援を必要としている人びとに対して、必要に応じただけの質・量を備えた支援を行っていくことが当然の理想であることを前提としつつも、人的、経済的にも限られた資源を有効に活用し、活動を可能な限り持続していくことを最優先するためのルールであるととらえている。この「できることを、できるときに、できるだけ」という活動スタンスを確立していく過程において、これまでのNPO活動の現場で、様々な方々と、このルールそのものや、ルールに則った支援のあり方などについても対話や議論を重ねてきた。

その対話・議論のなかで、様々な意見や疑問、問題提起もいただいた。そのなかに、多少のニュアンスの違いはあるものの、次のような考えを聴く機会があった。

曰く「自分の生活に余裕がない者が、いくら集まったとしても、本当に困っている他者の支援を十分にできるはずがない。また、そのような支援ならば、するべきではない。生活困窮者への支援は、経済的にも社会的にも余裕のある人が善意によって行うべきではないか」。

また「貧困への支援は政治的手続きによって、政治的施策によって行われることが本来のスジである。そのために、地方においては、選挙の投票によって、支援に積極的な施策を実行しようとしている首長を誕生させ、同様に選挙の投票によって、同じ施策に理解のある議員を当選させて、その議員たちによって、議会で多数派を構成し、施策を立案し、事業予算を確保し、執行することによって支援を実現していくことが望ましい」。

これらの「意見」は、いわゆる福祉の専門家でもなく、決して経済的に余裕があるわけでもない地方小都市の元市議会議員が、政策実現の可能性のより高い政治の現場から離れ、小規模なNPOのメンバーとして活動していることに対しての素朴な疑問なのかもしれない。また、聴く人によっては、近代社会における代議制民主主義本来のあり方を示した、ある意味「正論」ととらえられる内容かとも思われる。

話は変わるが、昨今の新型コロナウイルスへの政府の施策に対して、批判や異議申し立てをしている人びとへのカウンターとして、同じような傾向の意見を見ることができる。それは、「この非常時においては、速やかに施策を遂行するために、批判は控えて一丸となって取り組むべきだ」という思考から、「批判をするならば、自らが選挙に立ち、施策に対して責任ある立場に立って、施策を実行すればよいのでは」という言説である。これは大変興味深い一致であると考える。

ここで、これらの意見に対する私の考えを申し述べることによって、現在のＮＰＯ法人「結い」の活動と、いわゆる普通の市民が、あくまで市民の立場において自主的に行う「できることを、できるときに、できるだけ」という「結い」の活動スタンスが必要である理由とその意味を示すこととしたい。

2　政治の限界性に関する経験的知見

まず大前提として、先に述べた「意見」は、支援を「必要としている側」からはまず発せられないものである。もちろん、政策的、予算的に裏づけがあり、継続的な施策が潤沢な公的資金によって執行されることに対して、これを否定する要支援者は皆無であろう。しかし、言うまでもなくいま、「支援を受けることを必要としている側」にとっては、その支援のかたちや、支援の主体や、お金の出所についての関心よりも、いつ、どれだけの支援が受けられるのかということが、最大にして唯一の関心事であり、それがどういう原因や経過をたどったものなのかということについては、まったく視界の外のことなのである。

様々の生活問題に対して、公平、公正、適正に瑕疵なく行われなければならない施策として支援を行うためには、慎重かつ丁寧に政治的な手続きを進めていく必要がある。それらの手続きを一歩一歩進めつつ、必要な過程を重ねて施策を実現していくことは、支援の内容によっては、その緊急性や機動性から考えても、甚だ迂遠な作業となることもあろう。もちろん、並行して、政治的手続きを経て施策化を進め、支援を行うということがまったく無駄なことだというわけではない。それが重要な行為であることは認めたうえで、社会や経済の構造を変革していくという多大なエネルギーと膨大な時間を要すると思われる取り組みによって、喫緊の課題とされる現在の支援活動よりも優先順位の高いものと位置づけたり、それによって、結果として支援活動のエネルギーを分散、抽象化させ、停滞させることは、支援を必要としている現場を見ている限り、必ずしも適切な選択だとは言えないということである。

また、先ほど紹介した富裕層による善意の活動を勧める意見と政治的手続きを重視する意見は密接に関連していて、地方の現状を如実に反映したものであるということができる。地方においては、経済的に余裕がある階層は、そのまま政治的多数派形成に強い影響を持っている。地方の経済的富裕層の多くは、世襲により財産や家業を引き継いでいる者、数少ない大企業に勤務する者、また地方都市では「大企業」といえる「地方自治体」に勤める公務員等である。世襲と比較的高学歴なキャリアに支えられた、いわゆる「勝ち組」といわれるこれらの人びとは、もともと経済的優位性を持っていることが多く、伝統的にも政治的に影響力を持つ者が多い。また「勝ち組」の人びとは、財産や資源、能力を所与のものと認識し、そのうえに個人的研鑽を重ねてきた結果が「勝ち」の要因であり、同類の人びとと共感しつつ、縦横のつながりを強めるという傾向がある。言い換えれば、現在までの社会にうまく対応し、適応してきた結果が「勝ち組」という立ち位置であるといえる。したがって、現状の社会情勢や政治体制などに対する不満や疑問は少なく、現実社会への肯定感は高いものになる。そのため、貧困や社会的排除に苦しむ人びとに対して、その人びとが現在の社会にうまく適応できず、そのなかで生きづらさを抱えていることについては、十分な理解が難しいのではないかと思われる。また、社会に十分に対応できている人びとは、社会生活の開始時から、十分なアドバンテージを得ていたことを過小評価し、自己研鑽の成果を過大評価する傾向が強いことから、社会に適応が難しい個人に対して、その要因を自己責任論に求める考えに共感を示しやすく、所得に対する納税額への関心の高さもあって、所得再分配を強化するような、生活困窮者へ予算を投入するような施策にも批判的な場合が多い。また、地方自治体の側からみても、乏しい自主財源の現状を抱え、逼迫する財政を支える「優良な納税者」の存在は、政治的にも大きな影響力を持つものとなっている。

このような「大きな影響力」によって、本来、市民全体に対して行われなければならない政治的なアカウンタビリティが、「優良な納税者」のような限られた層に対しての説明に力点が置かれたものとなり、その志向が施策に反映されることから、貧困対策などの施策は優先順位の低いものとなりがちである。

(1)「施与」「投資」という理解

また、このような「優良な納税者」が貧困問題に関心を持ったとしても、その階層が持つ貧困や支援を必要とする人びとに対するイメージや感覚などから、「施し」や「投資」の要素を含んだ、歪んだ施策体系になりかねないという恐れもある。つまりは、貧困問題についての関心や理解が、「道徳」や「経済効率」にもとづいたものである限り、それにもとづく支援は、要支援者の人間としての権利を保障していくという本来の施策の目的を達成することとは、まったく次元の異なる方向性へと導かれることになる。

これから述べる内容は、あくまで一例ではあるが、ある中小企業の経営者から実際に聞いた話である。その人が経営している会社で扱っている商品が売れ残ったため、それをある児童施設へ寄付した。廃棄処分にするにも経費がかかることから、捨てるくらいならと寄付することにしたそうだが、二〜三回でその寄付を止めてしまったとのことだった。私がその理由を尋ねたところ、以下のような内容の返答であった。

「せっかく寄付してやったのに、お礼の手紙の一通も来なかった。感謝の気持ちもない相手や、その教育も指導もできない機関に対しては、今後一切寄付なんてしない」。

これは先に述べたようにあくまで一例ではあるが、情緒的には理解を示される向きもあろうことは承知している。しかし、この例に端的に表れているように、「施し」や「投資」という行動は、すなわち、その反射的行為としての「感謝」や「見返り」、「配当」を求める行為に他ならないのである。

また、「施し」や「投資」というアプローチから、実際の支援行動に至る過程においては、その視点はあくまで支援をする側、つまり、支援における「サプライサイド」からのものであって、支援を必要としている側、支援を受ける側、つまり「ディマンドサイド」の視点が反映されたものではない。そのような「サプライサイド」の、とくに「個人」に還元されることを前提にした「感情」「心情」「情緒」にウエイトを置くような支援活動や、その裏づけとなる施策体系は、総じて「情緒的」で「短期的」、「場当たり的」なものに陥りがちであり、「個人」ではなく「社会的なシステム」で支援体制を構築していくという望ましい姿の対極に位置するものといえる。いうまでもなく、貧困に対する支援施策は、長期的かつ総合的な視点を持ち、持続性や普遍性が担保された社会的なシステムであることが重要である。その点からしても、「施し」や「投資」の思想に支えられた支援活動や支援施策は、ともすると、本来あるべき施策のあり方、趣旨に反するものとなる恐れが大きいと思われる。人が人として生きるために必要な権利を保障する活動や施策が、相対的少数であるにもかかわらず、社会的影響力を持っている層が作り出す感情や空気などによって、容易に変質や縮小、廃止に繋がる不安定な位置づけを与えられることは、決してあってはならないことである。

（2）「勝ち組」と「優良な納税者」

今まで述べてきたように、地方の首長、議員の選挙や、その選挙によって選ばれた政治家や行政職員によって行われる行政施策には、いわゆる地元の名士、資産家、事業家、地方エリートである「優良な納税者」の影響を抜きにして語ることはできない。

次に述べる話は、ある「地元の名士」から実際に聞いた話である。彼は「地方議員などを目指すのは愚かなことだ。自分の金を使って、選挙で頭を下げて回り、ことあるごとに批判を受けて、割に合わない仕事だ。私ならば一人が使う選挙費用より少ない金額で、何でも言うことを聞く議員を何名も支配下に置くことができる」と主張していたのである。

これは「優良な納税者」の影響力とその確信犯的政治行動を表すエピソードである。つまり、このような「勝ち組」階層の影響によって誕生する首長が提案する施策が、同様の影響を受けた選挙を経た議員で構成する議会での議論、および多数決での議決を経て決定され、執行されていくのである。当然、首長も議員も「世論」を意識して、政治的な決断をしていけば、政治的影響力の大きな層の意見をより反映した決定を行っていくのは当然のことである。それに対して、社会的に孤立し、横や縦のつながりも持たない分断された個が、たとえ数のうえで増えたとしても、すでに確固たる地位を得て、有形無形の層という組織を形成している「勝ち組」に拮抗するような発信力や影響力を持つことは、非常に困難であることは明白である。世論形成の過程において、そのスタート段階から、個々人は平等の自由を持ち合わせてはいないのである。昨今では、社会的に孤立を深める層に対して、さらに分断を促進していくような言論や思考が拡がっており、問題はますます深刻化していると言わざるを得ない。

(3)「自分が政治家になればよいのでは」という言説の無責任さ

それでは、このような不平等な現状があるにもかかわらず、政治的なパワーを信じ、それを志向して、いわゆる普通の人が、首長、議員をめざして立候補することは可能なのか。それはもちろん権利としては可能ではあるが、実際にやろうとすれば、なかなかハードルの高いものであることは間違いない。まずは、まとまったある程度の資金が必要である(一般的な選挙活動である選挙カーやポスター、ハガキなどを使わず、いっさいの選挙活動をしないとしても、法定の供託金を立候補前に供託しなければならないため、実際の目に見える選挙運動がゼロといっても、すなわち、そのまま選挙資金ゼロということにはならない)。また、現在の制度では、一般企業のほとんどは、政治家と兼業を認めておらず、また、落選や政治家を退職する際の復職も認めていないため、立候補をする際には企業を退職する必要がある。そのため、年金や健康保険などの社会保障についても、それまでの立場よりも不利益を被ることを覚悟しなければならない。

今まで述べたような様々なリスクを負って、仮に運よく当選したとしても、地方議員の報酬だけで、家族を持って生活していくことができるのは人口規模がある程度以上の都市のみで、小規模な市町村議員の報酬では、とても無理な話である。重ねて、現在の日本において、政治家の職業としてのキャリア評価は、ほとんどないというより、大きなマイナス評価となる実情がある。つまり、政治家としてのキャリアは、次のキャリアへ進むための大きな障害になることが、一般的な常識なのである。実際、小規模の地方都市においては、地方議員年金の廃止なども相まって、議員のなり手不足が顕在化しているところも少なくないようである。

そこで、地方政治に被選挙人として身を投じることができるのは、ある程度のお金が用意でき（もちろん自前であるか、他者からの調達であるかは問わない）、廃業の危機や復職の可能性を考慮する必要がない、健康保険や年金の不利益に関係のない、生活を営むための当面の収入に不安を感じない、セカンドキャリアを意識しなくてもよい人びと（ある程度の資産を有した自営業者や高額な年金を受給している者、または生涯を現役政治家として活動することに有利な世襲の職業政治家）となる。そして、それは前述した「勝ち組」の層と多くの部分で重なる。つまりは、「選ぶ者」と「選ばれる者」は同じ層に存在し、互恵的な関係を通じて、強固な絆を培ってきている。また、それは昨今の格差を是認し、助長し、固定化する施策に親和性を持ち、それを支える強力な基盤となっている。このように、地方の世論形成だけではなく、地方政治への参加、参画においても、平等な状態であるとは言い難い現状である。このような不平等な状況も一因であると思われるが、加えて、昨今の首長や地方議会議員選挙における関心の低さ、投票率の低さ、また、選挙制度そのものの問題も相まって、現在の政治が、主権者の民意を汲み取り、その民意を正確に反映した施策を立案し、その施策を実行しているとは到底思えない。少なくとも、貧困に対する施策に関しては、残念ながら民主主義が十分に機能した結果ではないと言わざるを得ない。

さらに、地方自治における課題として、二元代表制のパワーバランス、つまりは首長を代表とする行政と議会の不均衡が挙げられる。予算権、執行権を独占している行政に対して、議決権を持つ議会が対峙し、住民を代表する双方が緊張関係を保ち、互いに牽制しあうことで、健全な民主主義が担保される仕組みが二元代表制といわれている。しかし、地方における現実は、議会費という議会関連の予算すら議会が自ら編成する権限を持たず、議会職員の人事権も、議長部局とは名ばかりで、実質的な人事権は首長が握っている。また、議会には条例制定権があるものの、そのためのスタッフはほとんどいないことから、実際には政策スタッフをもたない議員が起案、検討をしなければならず、その現実が、条例を含む議会での議案のほとんどが首長からの提案となっていることに表れている。つまりは「人」も「カネ」も「施策」も首長部局に握られているのである。

これも議員時代の話であるが、ある事業の予算について疑義が深まり、予算審議の過程では、まずその事業分の予算の否決が検討されたが、当初予算は一括上程されているため、部分的な否決は不可能であることから、その事業の関連予算について組替動議を提出することとなった。実際の組替した歳入歳出予算を議案として作成する必要があるのだが、当然、原案を作成した首長部局の職員にはいっさい協力を求めることができず、結局動議そのものが頓挫したことがある。条例についてもまた然りである。

たしかに地方議会には、法的には予算の組替や条例の制定も権限として認められている。しかし、それはあくまで法的な話であり、現実の運用面でいえば、多くの制限や障害を抱えていて、十分に機能する仕組みにはなっていない。また、仮にそのような作業を進めていくことに合意が得られたとしても、その後の過程では、多数決の論理から様々な妥協や駆け引きが必要とされることが常である。

このように、議会には様々な権能が認められてはいるが、それがすなわち、十分に機能することを保証していることとはまったく次元の異なる話である。残念ながら、議会という機関そのものには政治を動かしたり、変えていく力はほとんどないと言わざるを得ない。存在するだけで機能する議会や行政がない以上、議員や首長を選ぶことだけでは民主主義は全うできない仕組みになっている。議会会期中に議場が最も緊張するのは、傍聴者が多い議案の審議である。実際に議会や首長を動かしていく市民の関心や具体的な働きかけ、常に監視する目が必要不可欠なのである。

3　行政・議会の限界性

(1)　行政の限界性

では、このような過程を経て、仮に幸運にも政治に参画できることになり、望むような施策を立案し、実現することができるようになったとしよう。しかし、行政施策にはそれ自体が持つ特有の課題が存在する。それは「基準」「線引き」の問題である。行政施策には、その施策を実施する条件や対象、予算規模、期間などを定めるために、「基準」を定める必要がある。そして、その「基準」によって、対象や予算は、明確かつ客観的に「線引き」される。行政が予算を編成し、施策を執行する場合、公的な資金を原資とすることから、その使途において、公平性、透明性を担保する必要がある。そのためには、施策の対象や規模、期間を選定するための基準が必要となる。このように、基準を決定し、線引きをすることによって発生するのは、その基準に当てはまるものだけが当該施策の対象となるということと、基準に当てはまらない対象については、明確に施策からは除外され、施策的には存在しないことになる。

つまり、基準を決めるということは、施策を執行する行政にとって、積極的に支援すべき対象と、積極的に支援すべきでない対象に仕分けすることである。これを貧困対策について言い換えれば、行政当局にとって、支援すべき「望ましい貧困」と、支援すべきでない、または支援に値しない「望ましくない貧困」を提示することに他ならない。これは、行政が「望ましい貧困」、「望ましくない貧困」という自らが定めた価値観を表明し、それにもとづいて、施策を行い、予算を執行するということである。

とくに子どもの貧困について、現場において頻繁に遭遇することであるが、子どものみならず、世帯としても支援が必要であることは明らかであるにもかかわらず、保護者の事情や世帯の状況などが、行政の示す価値観に照らして「望ましくない」ために、公的な支援が受けられなかったり、または支援が受けられたとしても、きわめて消極的かつ不十分な支援しか受けられなかったり、不当に支援が打ち切られたりする事例が見受けられる。その結果、事態がより深刻化、重篤化し、支援がより不安定で不十分なものとなっていくという悪循環を生むことになった事例も少なくない。このような基準による線引きがある限り、行政施策に当てはまらず、公的支援の網から除外される人は必ず存在するのである。

ここで誤解がないようにあえて言及させていただきたいことは、ここで述べていることは、行政施策についての基準は悪であり、完全に撤廃すべきものであるという意味ではない。もちろん、可能な限り広い範囲で、日々の生活に不安や不自由を感じる人びとに対する公的支援が行われることが望ましいのは言うまでもない。

しかしながら、予算をともなう施策を行っていくには、基準は絶対的に必要なものである。その前提を理解したうえで指摘したいことは、行政が示す基準に当てはまるか、当てはまらないかという事実が、そのまま支援が必要であるか、不要であるかという判断の基準になってはいけないということである。

いま指摘したことには、二つの問題点が存在している。まず一点目は、人が人として生きるための権利を保障する支援について、民主的な裏づけの希薄な行政が、その組織内の理論でつくり上げた価値観にのみもとづき、基準や規範を一方的に定めるということである。そして二点目は、あくまで行政運営上において必要なだけの、きわめて技術的な事柄に過ぎない基準が、あたかも支援の必要性や妥当性を判断するための唯一の指標とみなされ、運用されることで、施策選定の思想にまで昇華し、その思想にもとづく施策によって、貧困をはじめとする生活の諸問題が画一的に整理されてしまう危険があるということである。

あくまで供給者側の都合によって導き出され、行政施策の運営上のルールに過ぎない基準を思想にまで祭り上げ、それを強要することで、需要者側の権利保障を妨げるという事態は決してあってはならないことである。

そもそもの話ではあるが、「社会的排除」や「貧困」に苦しむ人のなかには、「社会規範」のような、一般社会のいわゆる「基準」に適応できないことが、その端緒となっている場合も多い。そのように社会や規範への適応に苦しむ人びとに対して、支援を行うための施策の対象となるために、行政の定める「規範」や「基準」に適応することを求め、それを条件にすることでコントロールしていこうと考えるのは、根本的なところで大きな矛盾を抱えているのである。また、支援の対象は、あくまで個人であることが原則であるが、子どもが対象である場合は、とくに世帯単位での支援も当然必要になってくる。たとえ家族といえども、規範や基準への考えやとらえ方については、それぞれ異なる部分もある。そこで、規範や基準のウエイトがあまり大きくなると、適応への考え方などの差異が、本来は連帯して助け合うべき世帯内に、新たな分断の種を生むきっかけにもなりかねない。また、この矛盾が支援する側と支援を受ける側の双方に違和感を与え、最終的には相互不信を生み、最終的にその関係性が破綻、分断されてしまう例も多い。

このように、現在のシステムのなかで、支援の実施を行政施策のみに頼ってしまうことは、必ずその施策にとって「望ましくない」対象が発生し、その対象は施策的には存在しないことになるという事態を生むことを意味する。つまりは、行政施策の対象になりえないものは必ず存在し、ゼロにすることは不可能といえる。重ねて言うならば、行政施策によって、新たな貧困や社会的排除が生まれる可能性があるという現実を直視する必要がある。

(2) 議会の限界性

行政と同じく、政治のセクターである首長や議会においても、全体を「公正」「公平」に考えていくことを当然に求められる。したがって、そこでの議論のテーマは、「基準」を導き出す「思想」の段階での綱引きから始まり、次に「基準」を厳格化するか、緩和するかという方向性の議論がもっぱらである。それはあくまで「基準の幅」の議論であって、基準そのものの是非については、議論の対象にはなりにくいというのが実感である。また、先述したように、経済の合理性や社会の仕組みの維持に重きをおく層が主体である政治の世界においては、基準の是非というような課題についての議論は、多数決の論理も相まって、期待しがたいものと言わざるを得ない。

以前、市議会で当時の市長と財政問題を議論した際、予算策定における原則として「入るを量りて出るを制す」、または「出るを量りて入るを制す」いずれの原則を重視するのかを市長に問うたことがあった。その際、市長は「本来の理想は、「出るを量りて」であるが、現実には「入るを量りて」

という考えになっている」と率直に答弁したことを記憶している。

徴税に強制力を持ち、財政民主主義の原則に立つ政府予算については、国・地方を問わず、まず市民の需要を満たす歳出を定めたうえで、それに見合った財源を確保し、歳入に充てるという「出るを量りて入るを制す」が原則とされるべきである。これは、必要なことにはお金を使うが、歳出予算以上のお金は一円たりとも市民に負担を求めないという意味である。しかし、先ほども述べたように、現実の行政は一部事業を除いて、歳入を量ったうえで、その配分を決定することで歳出予算としている。

先ほど述べたように、現在の地方公共団体の財政は、一部を除いて、どこも地方交付税交付金や国庫支出金、地方債に歳入の多くを頼り、わずかな自主財源でさえも、硬直化した財政構造のため、義務的経費にその多くを費やさざるを得ず、本来の自主的な施策に回す投資的経費に対する財源確保は望めないという現実があるゆえに仕方がないことではある。加えて政治的影響力の大きな層からの、他の施策への歳出圧力や、経済効果の乏しい施策への批判にも応えていく必要もある。それでも限られた予算内で行われる施策の効果が十分に上がり、政策目標を達することができるのならばそれに越したことはないのだが、「限りある予算」にもとづく施策が日々重なって生まれているのが、現在の社会である。「限りある予算」を前にして、なすすべなく絶望や失望を繰り返すことも多いのだが、「枠」や「基準」の範囲や、それにもとづく優先順位や配分額を議論する前に、財政民主主義の原則に立ち返り、根本の議論をする必要性を強く感じている。

今まで述べてきたように、行政施策で十分に対応できない支援の対象は必ず存在する。支援を必要とする人びとが存在する限り、その対象である人びとと、支援していく行政以外のセクターが必要となるのである。

4　地域における福祉実践の意義と限界性

今まで述べた問題点を解決していくためには、行政や政治に直接コミットしていないいわゆる普通の市民が、それぞれの立場で任意の活動を行い、それぞれの立場を尊重しつつ連携・連帯を図ることで、支援活動の量・質・多様性を確保していくことが重要であると考える。ここでいう「普通の市民」とは、政治や行政、政党、宗教などに依拠せず、それらと一定の距離を維持している、独立した個人というような意味合いである。

そして、「普通の市民」の活動は今まで述べたように、一定の価値規範にもとづくような「基準」を持たない支援活動が必要であり、その活動を持続的に行うことのできる団体もまた必要である。もちろん個人での活動も可能であるし、独立した個によって支えられる活動という意味では、そのような個人での活動を否定することはできない。しかし、今までの支援活動において感じられたことであるが、支援の現場においては、個人的な価値観にもとづく「使命感」によって、個人的資質と研鑽によって創り上げられた個人が、超人的な活躍によって、職人芸的な支援を行っているという事例が少なくない。

いうまでもなく、支援活動においては、できるだけ幅広く、多層的で多様な活動であることが望ましい。しかしながら、超人的な活動や職人技による支援を続けることによって、活動における連携や連帯を阻み、支援者側の孤立、分断を生む原因になってしまっていることは、皮肉な現実である。もちろん、このように、日々精力的な支援活動に取り組んでいる方々、その支援活動については、心からの敬意を表するところであり、そのような活動が、地域における支援の重要な役割を果たしていることは、紛れもない事実である。それゆえに、それらの活動への思い入れや経験が、幅広い人びとが参加することへのハードルを上げ、結果として、活動の幅を狭めたり、活動の持続性をより困難なものにしていることは、とても悲しくもあり、また悩ましい問題でもある。

このようなことから、支援活動については、個人的な努力や研鑽に重きを置くことで、維持・発展させるスタイルよりも、幅広く、多様、多層からなる参加者それぞれが、できるだけ広く薄く、それぞれの役割を分かち合い、参加と離脱の自由を保障する組織であることが、活動の持続性を担保していくためにも望ましいと考えている。このような活動のスタイルは、市民の意向を適宜に反映していくことによって数的には決して多数ではない経済的富裕層が、首長や多数の議員に影響力を持つ構図を、潜在的に存在すると思われる本来の多数派である市民が、政治や行政に対して、正当なかたちで意思の表明をし、その民意を反映することができるような、これまでの構図の転換を実現するためのヒントになるのではないかとも考えている。

過去一二年の地方議員活動およびＮＰＯにおける実践活動を通して気づいたことは、地方自治の現場で、求めるような社会を実現しようと施策を立案し、実施されることをめざして活動するためには、「政治家になる」ことや「政治家をつくる」ことよりも、「政治家を育てる」ことのできる「市民」という存在を、まずもって確立していくことが重要なのだということである。地方議会において、議員には議決権が与えられているのだが、議案のほとんどは首長、つまりは行政からの提案である。議案審議の過程で、議論の場面はあるにしても、最後の意思表明は、賛成か反対かの二者択一である。一つの議案について、仮に心の中で賛成と反対が六対四であろうが、一対九であろうが、最終的にはどちらか判断を下さなければならない。その際に、自己の価値観のみに頼り、独善的な思考に陥ることなく、できる限り適切な民意を反映させ、市民の権利を保障するために最善の選択をするためには、日常的に幅広い市民との連帯・連携が重要である。そして、この構図は、そのまま支援活動における連携・連帯の必要性と重なるものである。

5　議論の整理

「結い」の活動のなかで、メンバー間で申し合わせていることがある。それは「正義感」や「使命感」

をもって活動しないということである。「正義感」「使命感」にもとづくということは、ある思想、価値観による「基準」を持つことと同義である。そこで、支援の必要性があるということ以外には、支援の適・不適のような基準を設けないように心がけている。それは、無条件にすべての要請を受け入れるということではなく、冒頭で述べているとおり、あくまで「できることを、できるときに、できるだけ」のスタンスのなかでの話である。

また、究極的には、日々の支援活動が必要とされることのない社会となることが理想の姿であることは、誰もが皆思うところである。したがって、支援活動を行うことが、けっして自己目的化しないようにと心がけている。そのため、あくまで支援を必要としている対象者が存在して、その存在に気づき、支援すること、または支援の必要性を伝えることが可能であったというスタンスを保っていきたいと思っている。語弊はあるかもしれないが、「たまたま、そこに居合わせた」という考え方である。そして「知ってしまった以上、それを見て見ぬふりはできない」ために、「せめて」「できることを、できるときに、できるだけ」やろうということである。それは、誰でも参画と離脱が自由な状態を保つということで、活動主体の代替性を担保するために重要なことだと感じている。

あたり前のことだが、支援活動をしているメンバー個々も、それぞれの思想や価値観をもった人間である。日々の活動において、それぞれの心情にそぐわないこと、感情に波風が立つことは、珍しいことではない。というよりも、常に心の揺れにさらされるようなことの連続である。理屈では理解できていることであっても、矛盾を感じ、心折れることばかりである。「できることを、できるときに、できるだけ」という活動のスタンスは、持続可能性を担保するためと述べたが、それは、支援を必要としている人びとに資するためということと同等に、支援している人びとを守るため、そして、それらの権利を護るためのシステムとしても機能しているのである。

もちろん、これまでに述べてきた市民としての活動において、経済的、技術的な点から、必ずしも必要十分な支援ができず、課題の解決に至らなかった事例も多々ある。NPOとはいえ、わずかな会費や浄財に頼る少数の市民による活動には限界があることも十分認識している。しかし、市民が市民としての立場で、行政施策や公的制度からこぼれ落ちた「隠れた貧困」を日々の活動のなかから発見し、現場を訪れ、対等な立場から、生活に根差した問題をともに考えていくことで、より適切な支援へと橋渡しをしていくことは、「結い」にとっても、市民にとっても大切な役割であり、大きな意義を持つものと考えている。

このことは、地域における福祉実践の意義が、公助を代替することにあるのではなく、「貧困の発見」、およびその発見した生活問題を社会問題化させつつ、当事者の権利擁護を試みることにあるのだという本書全体の主張の一つとも関係している。地方小都市における福祉実践は、政府によって「先進的」であると判断されるようなものとは程遠いような、ささいな取り組みが圧倒的に多い。だが、それでもいいのだと私は考えている。公助の役割を自助・互助に代替させようとする企図に対して、あえてそれに沿う必要はないからだ。地域における福祉実践の限界性を同定することは、公助の役割を鋭く問うことに他ならないのである。

最後に、今回の新型コロナウイルスの感染拡大によって、支援を必要とする立場になるということは、特別なことでも特殊なことでもなく、誰もがその可能性を持っているということが、広く顕在化したのではないかと考えている。ここで、政治が主体となって支援を進め、他のセクターも支援活動をしていくことで、支援体制の充実を図っていくことが求められているのだが、政治が支援をすることと、政治を支援することを混同することには注意を要すると私は強調しておきたい。あくまで支援の対象は市民であり、政治、政府、政策を支援することによって、あたかも支援の目的が達成されたかのように考えてしまうことは、これまで述べたような、政治や行政の限界性という視点からすれば、きわめて不完全かつ不適切な支援体制を生む可能性があることを、この際はっきりと意識しておくべきである。市民の視点から、政策・施策の効果について冷静に評価・分析する姿勢をもつことが重要なのである。

今後、何らかの支援に関わっていく人びとが、より幅広く、多様な構成になっていくことで、支援する側、支援される側が、お互いに支援活動を「支援」として意識せずに、それぞれが市民として生活するという日々の営みのなかに吸収されていくような社会になっていけばよいと私は考えている。

第3章

生活問題への対応はどう変化したか

田中聡子

日本の社会福祉は終戦直後から一九五九年までを「救貧段階（三法時代）」、一九六〇年代以降、高齢者、児童、障害者などの「対象の一般カテゴリ化」（六法時代）」、介護保険以降の「パラダイム転換」という発展段階として把握する傾向は強い（岩田 二〇一六：五五）。そこで本章は、生活問題そのものが貧困問題であった三法時代、生活問題は貧困問題を内包しつつ後景に退いた六法時代、生活問題が人びとのニーズとなり、ニーズに対応する多様なサービスが提供されるようになった介護保険以降の三つの段階に沿って生活問題への対応を検討する。

1 はじめに

二〇二〇年の年明けから、新型コロナウイルス感染症の対応に日本全土が追われることになった。移動の自粛、経済活動の自粛が起こり、医療機関はこれまで経験したこともない感染対策を行いつつ最前線で患者の治療にあたっている。介護施設をはじめとする福祉施設は入所者の安全を守るために日々、見えない敵と戦っている。飲食業、観光業をはじめとするサービス業は休業要請が出された。ようやく二〇二〇年五月一四日に三九県に緊急事態宣言の解除が出され、続く五月二五日に首都圏と北海道に緊急事態宣言の解除が出された。今の時点でどのような経済的打撃を受け、どれだけの人が困窮状態に陥っているか、あるいは、今後にどれほどの人が生活困窮状態になるのか、予測がつかない。

各自治体は政府が発令した特別定額給付金一〇万円の支給を行い、それでも生活が立ち行かない人びとは貸付金として市町村社会福祉協議会を窓口とする緊急小口資金や総合福祉資金を利用するようになる。さらに、住居を失う恐れのある人には、住居確保給付金が対応することとなる。

特別定額給付金一〇万円が要件を定めず、一律に給付されることの意義は大きい。しかしそのほかの対策は従来の低所得対策の枠組みのまま、柔軟性を高めて対応をしていく方向である。これで乗り切れるのか現時点はわからない。また、貸付金ではどうにもならない人の最後のセーフティネットは生活保護制度である。日々、生活保護申請件数が増加しているという報道が増えてきた。リーマンショック時を超えるだろうとも言われている。二〇〇八年にリーマンショック後に求職者支援制度の創設など、生活保護制度の上に第二のセーフティネットを張るということが議論され、現在の生活困窮者支援制度に至っている。

今の新型コロナウイルス感染症による収入の減少で、生活破綻リスクの高い人への対応は、緊急小口資金および総合支援資金（生活支援費）の特例貸付である。スピード感を重視して手続きは簡略化している。生活破綻しない前で踏みとどまることができるかどうかである。緊急一時的な資金援助であり、総合支援資金に関しては一ヶ月二〇万円以内で貸付期間は三ヶ月以内となっている。こうした資金は、コロナウイルス感染症が落ち着けば、また生活再建が見込まれる人を本来は対象としている。すでに生活破綻している人や、長期の貧困状態である人は緊急小口資金や総合支援資金の対象ではない。

これまでの研究からわかるように、東日本大震災や各地の豪雨災害、あるいは経済危機などの社会的なリスクに直面した時、社会的立場の弱い人への影響が大きい。今回も、移動の自粛、経済活動によって収入が激減し、仕事を喪失した多くは、不安定雇用の人である。また、住居不安定者になった人も、時間給や日払い換算の人に多い。もともと生活困窮の状態な人びとがさらに困窮していると考えられる。人びとの生活を最後まで支える制度としては、生活保護制度しかないのが実情である。

本章は、制度、政策が生活問題に対応できたことと対応できないことを明らかにしたい。

結論から言えば、本当に困窮した場合は生活保護制度が対応するということである。そういう意味では、建前としてはナショナルミニマムが保障されていると言える。ただし、生活保護制度においては、原則は利用する意思のある人が福祉事務所に申請し、受理され、収入や資産の要件を満たしているかどうかの審査を受けてはじめて利用者となることができる。申請時の窓口でのハードルは高い。また、申請に対する根強いスティグマや扶養義務紹介に対する抵抗などもあり、最低生活費以下で資産要件を満たしている人がすべて利用者となっていない点は長年の政策研究の課題でもある。

また、医療ソーシャルワーカーや市役所のケースワーカーがいくら助言しても、生活保護の申請を拒む人もいる。医療や介護が必要となったひとり暮らし高齢者の人で、民生委員がいくら助言しても生活保護の申請を拒む人もいる。私的な領域にケースワークが入り込むことに対する抵抗感が大きい。そこで、対応できないことは何かと言われたら、介護保険の申請のように、必要な時に誰もが当たり前に生活保護を申請し、利用することに至らないことである。したがって、実情は、すべての人にナショナルミニマムが保障されていないとも言える。

生活保護制度は申請主義であり、自らが申請しないと生活保護は利用できない。生活保護に限らず、介護保険サービスや障害者サービス、生活福祉資金などのサービスは利用者が申請することが前提である。前述のようにサービス利用を拒む人に対しては、「自分で決めたことでしょ」と言うことになる。そのことによって、サービス提供を受けず困窮することも、自己決定による自己責任となる。自ら努力しないで貧困に陥ることも自己責任なら、サービス供給に対して申請しない人も自己責任とみなされる。

本当に困っている人は助けを求めることが苦手であり、自分が困っていることを認識できない人もいる。こうした人びとへの対応は古くて新しい問題である。福祉サービスの提供に成功した場合、たいていは熱心な専門職や先進的な活動をしている福祉団体により、先進事例として報告される。しかし一般化せず、先進事例として何年も取り扱われることは多い。熱心な専門家が不在の場合は、困難事例と扱われることもある。

日本の社会保障制度は、社会保険が中心であると言われている。これは一九五〇年の「社会保障制度に関する勧告」から、一貫して変わっていない。時代のニーズを反映し、一九九〇年代末から二〇〇〇年にかけて実施された社会福祉基礎構造改革を経てもなお、社会保険制度が中心である。

新たに創設された介護保険制度はそれまでの社会保険制度の課題を見直し、空洞化を防ぐために保険料の徴収において、四〇歳以上六五歳未満はそれぞれの医療保険の保険料に上乗せし、六五歳以上は特別徴収（原則として、所得に応じた一定額が年額一八万円以上の公的年金から天引き）と普通徴収とした。しかし、被用者保険に加入していない四〇代以上の人は国民健康保険料と一緒に介護保険料を納付することになる。国民健康保険を未納していれば、介護保険も未納していることになる。こうした人が若年性認知症や特定疾患にかかったとき、医療については無料低額診療などの他施策がかろうじてあるが、介護保険サービスには、未納者を救済するような施策がない。岩田（二〇一六：三六七〜三七〇）は、社会福祉の「一般化」は「誰もが、いつでも」という意味ではなく、所得制限をともなわないという意味でもなく、一般的な労働と生活の様式の安定に寄与することをストレートな目標として社会にそのトポスを承認させたと論じている。「一般化」は、一般的な労働者・生活様式と親和的とも述べている。そうすると、保険料を未納する人びとは「一般化」の枠から外れている人である。社会保険制度の枠外の人になり、社会保険サービスは利用できない。自立した労働者として社会保険に寄与にすることが前提となる。

そこで、医療保険や介護保険を未納している生活困難な相談者に対して、ソーシャルワーカーは可能であれば、生活保護の申請を促す。生活保護制度は包括的な制度であり、それ一つで生活費や住居費や現物給付の医療、介護までもカバーできる。それ一つで様々な問題に対応できる、最初にして最後の受け皿となる。

2　貧困問題に対応する生活保護制度の限界

戦後、日本の最優先課題は生活困窮からの救済であった。GHQは一九四六年に「無差別平等の原則」「公的責任の原則」「必要即応の原則」の三原則を指示するSCAPIN七七五「社会救済」を日本政府に発令した。日本の非軍事化と民主化を進めるGHQの占領政策は、社会福祉分野においては「戦後福祉改革」と呼ぶことができる（古川二〇一二：一三七）

一九四六年の旧生活保護法は、敗戦直後の様々な社会問題を包含した。社会問題の第一は戦争・戦災孤児、引き揚げ孤児による浮浪児問題を中心にした児童対策であり、第二は傷痍軍人を含む障害者対策であった。一九四七年に厚生省に児童局が設置されて児童福祉法が、一九四九年に身体障害者福祉法が制定された。村上（二〇〇〇：一〇二）は、児童対策および身体障害者対策が法理念および制度体系として貧困対策から分離・独立したことにより、生活保護法は純粋な貧困対策として機能することになったと述べている。ただし、旧生活保護法は欠格条項の制限や保護請求権、不服申立権が不明確であったため、一九五〇年に新生活保護法が制定された。古川（一九九五：五）は、「この時期の社会福祉の対象は戦災、復員、引き揚げ、生産力の低下、インフレなどによる国民的な大衆的窮乏であり生活保護（公的扶助）がその中心であった」と論じる。

生活問題そのものが貧困問題であった。児童および身体障害者とあわせて、戦争未亡人と失業者対策は急務であった。一九四九年に母子福祉対策要綱[1]が制定されたが、貧困母子に対しては一九六四年の母子福祉法を待つことになる。貧困母子は生活保護制度が受け皿となった。一方で、一九四九年のドッヂラインおよび新経済九原則の実施にともない、失業者の増加は予想された。同年五月に「緊急失業対策法」が制定された。「新生活保護法では、労働能力の有無を問わず適用を認めたことから、失業者の多くが法の適用を受けることにより、財政問題の発生や、新生活保護制度の悪用が懸念された[2]。」そこで、一九四七年制定の「失業保険法」とあわせて、失業対策事業が失業者に対応することになる。ただし、失業保険の受給者は失業対策事業の対象から除外された。一方、「失対事業の対象者から生活保護の受給者を除外する方針が各都道府県知事に通達されるが、同年六月七日の通達「失業対策事業の就労適格要件について」において適格要件は緩和され、最終的に生活保護受給者であっても失対事業における就労が可能」（宮地 二〇一四：三二～三三）となった。この点について宮地（二〇一四：三三）は、失対事業が失業状態にある者のなかでもとりわけ、生活保護受給要件を満たすほど困窮に陥った失業者の救済を主眼とする施策であったこととの関連性を指摘している。こうして、稼働能力のある生活に困窮する失業者は失業保険と失業対策事業の対象となっていく。また、一九五〇年の新生活保護法は、欠格条項の撤廃と保護請求権を明示した。したがって、増大する失業者も要件を満たせば生活保護者となった。

3 「社会保障制度に関する勧告」における社会福祉の位置

一九四七年に来日したワンデル博士を団長とするアメリカ社会保障制度調査団の調査報告書にもとづき、一九四八年に社会保障制度審議会が設立され、翌五〇年に「社会保障制度に関する勧告（以下「五〇年勧告」という）が出された。「五〇年勧告」は、日本の「ベヴァリッジ報告」と言われるほど画期的な内容を持つ（伊藤 二〇〇七：一五九）。「ベヴァリッジ報告」（一九四二年）では、職域や地域を問わない全国民による均一の保険料拠出・均一の給付という社会保険（後に国民保険法として制度化が図られる）を社会保障の主要手段として、国民扶助（生活保護）と任意保険を補助的手段とする旨を提唱した（厚生労働白書 二〇一一：四〇）。

「五〇年勧告」の総説において社会保障制度の中心を「自らをしてそれに必要な経費を拠出せしめるところの社会保険制度」に置いたが、「戦後の特殊事情で、保険制度のみをもってしては救済し得ない困窮者は不幸にして決して少なくない」から、そうした人びとに対しては国家が直接、最低限度の生活を保障するとした。ただし、生活保護制度は、「国民の生活を保障する最後の施策であるから、社会保障制度の拡充にしたがってこの扶助制度には補完的制度としての機能をもたしむべきである」としていた[3]。また、「社会保障制度は、社会保険、国家扶助、公衆衛生及び社会福祉の各行政が、相互の関連を保ちつつ綜合一元的に運営されてこそはじめてその究極の目的を達することができるであろう」とされ、社会福祉は社会保障制度に含まれたものであり、国家扶助は「社会保障制度の一環」と明記された。「五〇年勧告」においては社会保険主義を基礎に置くことが日本の社会保障の基本的方向と位置づけられた（玉井 一九九一：三〇八）。しかし、「救貧段階（三法時代）」は実際には、生活保護制度が基礎にあり、稼働年齢層をも包含し、医療をはじめとした現物サービスを包含する包括性により貧困対策の柱であった（岩田 二〇一六：三六）。

4 生活保護第一次適正化と生活困窮者

新生活保護法が成立しても、国家責任としての最低生活保障が政策的には実行されず、とくに生活保護行政において社会保障の「逆コース」（伊藤 二〇〇七：一六〇）となる。増大する失業者をはじめとする生活困窮者は、生活保護制度で対応するのではなく、生活保護制度の引き締めと前述の失業対策事業と世帯更生資金貸付制度が対応していくことになる（岩田 二〇一六：三七）。

一九五五年に創設された世帯更生貸付金制度は当初、国と都道府県が一億円ずつ負担をした。この背景の一つは改正生活保護法において、民生委員が公的扶助に関して協力する「協力機関」として位置づけられ、実施に関しては有給専任吏官の社会福祉主事が補助機関になり、活動の場を失いかけていたことがある。民生委員の士気高揚、存在意義を高めるための新たな活動となる世帯更生運動の高まりが、制度の発足に結びついた（田中 二〇一六：一一五〜一一六）。さらに、増大する失業者に対して資金を貸付、経済的な自立を達成させようとすることを意図した。

しかし、増加した生活困窮者は、戦争未亡人や失業者より結核患者や在日外国人であった。そこで、一九五四年社発第三八二号厚生省社会局通知「生活困窮する外国人に対する生活保護の措置について」[4]、社発第九〇四号「生活保護法における医療扶助と公衆衛生について」の二つの通知を出し、保護適用の引き締めを実施した。いわゆる「第一次適正化」と言われるものである[5]。

第一次適正化実施後に生活保護制度から締め出された低所得層に対する補完的な制度は、医療費貸付制度や生活資金を加えた世帯更生貸付制度が対応していくことになる（田中、二〇一六：一二一〜一二二）。

5　貧困問題は生活問題へ内包

一九六一年には国民皆保険、皆年金体制が整備された。一九六二年の「社会保障制度の総合調整に関する基本方策についての答申および社会保障制度の推進に関する勧告（以下「六二年勧告」）[6]」では、次のように述べている。

救貧についで防貧が社会保障の目標としてあげられるが、防貧のなかでは、低所得階層対策が、それを目標とする社会福祉政策がこの際としては重視されなければならない。ここでわれわれが社会福祉政策というのは、一般に考えられているような広義の社会福祉ではなく、国および地方公共団体が低所得階層に対して積極的、計画的に行なう組織的な防貧政策……（中略）……社会保険に優先する。

「六二年勧告」では国民階層を、貧困階層、低所得層層、一般所得階層というふうに分け、貧困階層は「生活程度が最低生活水準以下である階層」低所得階層は、「最低生活水準以下ではないがその生活程度においてこれと大差のないいわゆるボーダーライン階層」に加えて「老齢、廃疾、失業等の理由でいつ貧困階層に落ちるかわからない不安定所得層」と明示した。貧困階層には公的扶助、低所得階層には社会福祉を主軸とするとした（一九六二年の「社会保障制度の総合調整に関する基本方策についての答申および社会保障制度の推進に関する勧告」）

三浦（二〇〇〇：二五）は、「六二年勧告」は、社会保険は防貧制度として有力な手段であるが、低所得階層に対してはこれだけで尽くし得ない面があり、独自の低所得対策＝社会福祉が必要と解した。一般階層に対する防貧施策として社会保険を、社会福祉は貧困層への転落を直接的、個別的に防止する政策であると論じた。つまり、社会福祉は一般所得階層に対する社会保険、貧困階層に対する公的扶助と区別し、主要には低所得階層（ボーダーライン層および不安定所得階層）に、副次的には社会保険の対象となる一般階層にも対応する防貧のための施策と位置づけ、公的扶助とは区別した（古川一九九三：一一二～一一四）。

一九六〇年に精神薄弱者福祉法（現在の知的障害者福祉法）、一九六三年に老人福祉法、一九六四年に母子福祉法（現在の母子及び寡婦福祉法）が成立し、福祉六法体制が整備された。

この時期、高度経済成長に伴う産業構造の転換にともなう労働力の流動化により都市に労働者が集積した。過疎と過密問題や公害問題などが表面化した。核家族化が進み、人びとのニーズが多様化し、新たな生活問題とて非行や要保護問題などが浮かびあがった。「六〇年～七〇年代の生活問題は傷病者、障害者、老人、児童、母子などの稼働能力のない、雇用の拡大や賃金の上昇という高度経済成長の恩恵に浴する機会に恵まれない人々を対象者とする新たな生活問題」(古川 一九九三：一一二)とされた。貧困問題は老人や母子世帯、病人世帯のそれぞれの問題としてとらえられるようになった(一番ケ瀬 一九九〇：五〇～五一)。福祉六法体制は、生活保護制度からの分離であり(伊藤 二〇〇七：一七二～一七三)、貧困問題はそれぞれのカテゴリー内の生活問題となった。

「対象の一般カテゴリー化(六法時代)」(岩田 二〇一六)の貧困現象は、稼働能力のある低所得階層と稼働能力にハンディキャップを持つ階層の生活問題となり、貧困問題は後景に退いた。カテゴリー内の生活問題への対応は、これまでの現金・現物サービス、施設収容中心主義サービスからの転換が図られていく。

稼働能力のある低所得階層は、石炭産業から石油産業への転換により、大量の失業者となって、生活保護制度が対応を迫られた。大友(二〇〇〇：二三七)は、一九六三年以降の経済不況が生活保護の第二次適正化の引き金となり、とくに産炭地域等の特定地域の保護率の急増と失業問題とあわせて、全国的に微増したことを反映して一九六四年の監査方針で具体化したと指摘している。適正化は失対労働者に主には実施された(杉村 一九八一：一七〇～一七二)。高度経済成長期に、資本の蓄積とともに農村から都市への農民の分化および主婦労働の増加による大量の労働者を生み、それにともなって甚大な「低所得層」が生み出された(杉村 一九六一：一七三～一七七)結果である。

「六二年勧告」では社会福祉の対象は低所得階層としながらも、稼働能力にハンディがある母子や障害、老人などのカテゴリーに属さないとその対象にはならなかった。生活問題は稼働能力にハンディのある人のカテゴリー別の問題となった。稼働能力のある低賃金労働者は生活保護制度から制度上は包摂されていても、適正化により排除されるということが起こっていった。

6　広がる生活問題の対応としての基盤整備（福祉見直しから基礎構造改革へ）

一九七三年一〇月、オイルショックが起こり、世界経済および日本経済は混乱した。「福祉元年」と謳われ、欧米並みの水準にキャッチアップしたかに見えた日本の社会福祉は一転して「福祉見直し」の時代を迎えた。

一九七五年の経済企画庁の『年次経済報』では「歳出面の当然増経費」について、以下のように報告されている。

歳出面の当然増経費として「昭和四六年ごろから名目GNPに対して伸びを高めており、歳出増加の内訳をみると、四六、四七年度には景気浮揚策としての公共事業関係費が大きかつたが、四八、四九年度はこれに代わって特に社会保障関係費が大きくなつた。そうした動きのなかで、新規政策費をせばめる、いわゆる当然増経費が膨張しつつある。」

「減速経済下で福祉充実をはかるためには、所要財源についての国民の負担が高まらざるをえないが、他方、国、地方公共企業体の効率的運営と既存の諸制度の改廃や合理化が必要である。[7]」とした。また、「社会保障の充実」において受診率の上昇は老人医療の無料化等の影響によるものとして、医療制度の適正化に言及している。財源面から「福祉見直し」は加速し、福祉予算の適正配分が求められるようになった。

一九七九年の経済企画庁『新経済社会七ヵ年計画』において「新しい日本型福祉社会の実現」として以下のことが示された。

欧米先進国へキャッチアップした我が国経済社会の今後の方向としては、先進国に範を求め続けるのではなく、このような新しい国家社会を背景として、個人の自助努力と家庭や近隣・地域社会等の連帯を基礎としつつ、効率のよい政府が適正な公的福祉を重点的に保障するという自由経済社会のもつ創造的活力を原動力とした我が国独自の道を選択創出する、いわば日本型ともいうべき新しい福祉社会の実現を目指すものでなければならない[8]

この「日本型福祉社会」は日本は福祉の含み資産ともいえる家族や地域共同体の相互扶助を活用していくことを主張した（古川 二〇一二：一四〇）

日本型福祉社会を支えたのが、一九七九年全国社会福祉協議会から出された『在宅福祉サービスの戦略[9]』である。

在宅サービスの戦略は三浦の社会福祉経営論をもとにしている。三浦（二〇〇〇：二一）は「社会福祉ニードの拡大と多様化の中では、社会福祉では対応できない領域が登場し、内容の拡大が求められている」とした。社会福祉の供給条件が非常に厳しいなか、増大する社会福祉需要（ニード）をいかに効果的・効率的かつ公平に満たしていくかが重要課題であるとした[10]。社会が充足するニード形態を現金給付と現物給付の二つに区分し、前者を「貨幣的ニード」、後者を「非貨幣的ニード」とした。今後の社会福祉は核家族化や生活様式の広がりにより家族扶養に期待できない保育、養護、介護はますます施設志向が高まるが、経済および資源の側面から困難とされ、在宅ケアへ傾斜する。そこで、非貨幣的ニードの対応が主な課題となる（三浦 二〇〇〇：一三三）。

非貨幣的ニーズに対応する人的サービスの拡大は、一九八〇年代以降におけるサービス供給主体の多元化に発展する。高齢化の進展、在宅福祉サービスの拡充における人材養成とサービス提供の構造を改革する社会福祉八法改正へと向かっていく。

古川（一九九三、一二五〜一二七）は、戦後の社会福祉の展開過程は、貧困者救済施策としてその淵源を共有する公的サービスと福祉サービスとが分離され、後者が貧困対策の枠組みからしだいに分離拡大していく課程であったと論じる。福祉供給体制を財源面から改革するにあたり、脱施設、在宅福祉の推進はノーマライゼーションとも親和性が高く、非貨幣的ニーズの拡充と適合していった。福祉サービスの費用抑制ともに、公的サービスにおいて一九八一年から生活保護の「第三次適正化」政策が実行される。第三次適正化については、大友（二〇〇〇）が背景および経過について詳細な研究を行っているため、その内容は大友に預けることにする。

第三次適正化は、これまで二度の適正化とは違い、不正受給対策を名目に実施している。大友は（二〇〇〇：二四四〜二四五）は一九七五年以降に常用勤労者および母子世帯の増加について言及した。従来の傷病や産業のスクラップアンドビルドにより生まれる特定領域の困窮世帯以外の稼働世帯に対しても、新規申請時の手続の煩雑さ、包括的な同意書の提出などにより申請のハードルを上げていくことで、生活保護への流入を防ごうとしたと言える。生活問題となった貧困問題は多様なカテゴリーの問題となったため、実はどのカテゴリーにも潜むことになったことが背景にある。

一九九〇年の社会福祉八法改正は、生活保護受給者の減少という生活保護行政の動向とは分離した非貨幣的ニーズに対応する人的サービスを地域で展開するための基盤としての改正だと言える。

7　利用契約制度と地域福祉推進における生活問題への対応

一九九八年一〇月　中央社会福祉審議会から社会福祉基礎構造改革について（中間まとめ）が発表された。これは「少子・高齢化の進展、家庭機能の変化、障害者の自立と社会参加の進展に伴い、社会福祉制度についても限られた者の保護・救済にとどまらず、国民全体を対象として、その生活の安定を支える役割を果たしていくこと」[11]とした。社会福祉事業法等改正法案大綱骨子の趣旨には具体的な改革の方向として(1)個人の自立を基本とし、その選択を尊重した制度の確立(2)質の高い福祉サービスの拡充(3)地域での生活を総合的に支援するための地域福祉の充実が挙げられている。[12]そこで改革が、社会福祉制度は国民全体を対象に生活の安定を果たす役割りを果たすものであったかどうかを(1)個人の自立とサービスの自己選択の保障(3)地域福祉の推進という改革の趣旨から考察する。岩田（二〇一六）は二〇〇〇年以降の改革路線のトレンドである「自立支援」と「地域における個別支援」の関係性において、ワークフェアのターゲットが排除された人びとであり、包摂のプロセスに個別支援計画が位置づけられたと述べ、「一般的な労働と生活」へ枠外からの押し戻しの強化としている（岩田 二〇一六：四一九）。

(1) 個人の自立とサービスの自己選択の保障

自立支援は二〇〇〇年以降、今日の福祉サービス提供者側の基本的な姿勢となっている。介護保険の第一条には「その有する能力に応じ自立した日常生活を営むことができるよう、必要な保健医療サービス及び福祉サービスに係る給付を行うため」とあり、自立した生活を目標に掲げてサービス提供をすることや、第四条には「要介護状態となった場合においても、進んでリハビリテーションその他の適切な保健医療サービス及び福祉サービスを利用することにより、その有する能力の維持向上に努めるものとする」とサービス受給者への能力向上への努力を求めている。さらに生活保護制度においては「生活保護制度の在り方に関する専門委員会」において「被保護世帯の現状や地域の社会資源を踏まえ、自主性・独自性を生かして自立・就労支援のために活用すべき「自立支援プログラム」を策定し、これに基づいた支援を実施することとすべきである。[13]」と報告された。自立支援の考え方は社会福祉法の第三条に示された

「福祉サービスの利用者が心身ともに健やかに育成され、又はその有する能力に応じ自立した日常生活を営むことができるように支援する」を基本にしており、その意味では、本人に合わせた多様な自立を認める方向である。高齢、障害分野における身体的な自立や生活保護制度における経済的な自立など、その分野におけるサービス給付からの自立という狭義の自立から社会参加や人との関係性を重視する社会生活や日々の暮らしを重視する日常生活をその人らしく送ることを支援するという考え方は、人を支援するうえでは大きな転換であったと言える。高齢、障害、児童分野に至るまでサービス利用に関しては、利用者の自立を促進するための個別計画が必要となった。利用者の問題を専門職がアセスメントし、計画を立て、努力の度合いを評価することになる。生活問題は個別支援というかたちで個人の問題になり、個人の問題解決はプラン作成者が示すサービスを利用することによって改善していくことになる。繰り返しになるが、サービス利用のために個人が申請して初めて利用者となり、多様な自立支援を受けることになる。つまりは、生活問題に自ら対策を講じていこうとする人とそうでない人に分かれ、自分でなんとかしようとする人や、専門家と言われる人の助言を聞き入れる

ことができる人はスムーズに利用者となることができる。

加えて、介護保険サービスでは利用者がサービスを購入して問題解決を図っていくことになっている。「自助・互助・共助・公助」の自助を基本とする。[14] また、制度改正により縮小したサービス提供範囲は本人の課題を網羅できず、隙間、狭間と呼ばれる政策対応ができない部分が広がる。そこを対応するのが、地域福祉、とりわけ互助と言われる領域である。

(2) 地域福祉の推進は何を意味するか

地域福祉の推進は社会福祉法第四条に示されている。

様々なサービス提供者が「福祉サービスを必要とする地域住民が地域社会を構成する一員として日常生活を営み、社会、経済、文化その他あらゆる分野の活動に参加する機会が与えられる」ことを目的としている。理念としては、誰もが地域のメンバーとして参加する機会が与えられることを推進するものである。ところが、社会保険をベースにしたサービス提供では、保険料未納の場合は、保険利用の要件を満たせない。また、利用に際して応益負担の利用料を支払えない人など、実情はサービス提供システムの枠外になる人が出てくる。また、前述のように生活課題を自ら改善しようと思わない人、つまりは、市町村に申請して、認定を受け、サービス契約を結ぶということができない人もサービス提供システムの枠外になる。

地域福祉はこうした人びとに対して地域をキーワードに見守り、声かけなどの互助[15]によって、サービス提供システムの枠内に入るように声をかける。問題は地域福祉はどこまでを補完すればよいのか、不明瞭であることだ。したがって、結局は、声かけ、見守りで発見した生活問題は、サービス提供にうまく結びつかないことがある。保険料の未納や利用料負担だけではなく、サービスは契約によって成立するため契約締結能力も必要となる。さらに困ったことに、施設サービスや入院には、制度上は規定されてはいないが、実態として身元保証人などを求められることもある。

制度の隙間問題は古くて新しい問題である。社会保険制度の給付を抑制すればするほど当然に隙間は増えてくる。そこで、生活保護制度のすぐ上に生活困窮者自立支援制度を第二の安全網として設置した。

生活困窮者自立支援および子どもの貧困対策においても、生活困窮に陥る人は自尊感情が低く意欲が低下しているとされ、つながりや社会的ネットワークを構築することが求められている。その役割を担うのが地域福祉とされ、互助的な活動としてサロンやカフェなどの居場所づくりが推進されている。

加えて、介護保険制度では、地域福祉は介護予防に積極的な役割が期待されている。「単身世帯等が増加し、支援を必要とする軽度の高齢者が増加する中、生活支援の必要性が増加していること、高齢者の介護予防が求められているが、社会参加・社会的役割を持つことが生きがいや介護予防につながる」[16]とし、軽度の生活支援をするサービス供給者の養成と介護予防の場の提供が求められている。ここでも、社会参加が重視され、ボランティアやＮＰＯなどへの期待、地域福祉の強化が求められている。地域福祉はつながりや参加をキーワードにするので、予防の場に参加できる人と参加できない人を可視化する。地域活動の場に参加できる人に対しては互助や自助機能は発揮される。しかし、参加できない人に対して、互助の発揮はない。

社会保険制度の枠外で、地域福祉が見守りの場を作ることが推奨されている。経済的資源の欠乏が孤立や孤独を生み出すことは多くの研究者が明示している。しかし、地域福祉は場を設けること、設けた場に来ることができる人と来られない人を見極める機能が求められている。地域福祉は孤立や孤独を解消する直接的な手段は持たない。そういう可能性のある人を可視化する場を提供し、発見することはできる。地域福祉は生活問題を発見し、その問題を社会保険や公助へつなぐ場をつくることができる。

つまり地域福祉は、公的サービスを補完する役割だけではない。地域福祉は孤立や孤独、制度の枠外の人の声を代弁する機能を持っている。場に来られない人に対してなるほど助けが必要なんだと地域社会に問いかけることができる。

先駆的な活動として実践してきた団体や人は、制度ではどうすることもできない人をキャッチアップし、互助としてサービスを提供している。制度の狭間問題に対応する活動と評価されている。こうした活動は、ただ目の前の人をなんとかしないといけない、見過ごすわけにはいかないと当事者の人に向き合うことで、使える社会サービスがなかったから手を差し伸べる活動である。何もないなら、自分たちがサービス提供をしよう、制度に結び付くまでは、どうにか援助をしようという活動ではないだろうか。結果的には制度の隙間や狭間かもしれないが、そもそもそうした活動は、既存のサービスが存在しないからＮＰＯやボランティア、あるいは地域の人びとが自主的な活動として実践してきた経緯がある。立場の弱い当事者は声を上げ、問題を社会に向けて投げかけることはできない。ＮＰＯや地域福祉の活動家は実践活動から社会福祉の必要性を問うことができる。社会的に立場の弱い人に対する代弁機能を担うことができるのである。本来、これが地域福祉のできることだと言える。

一方、こうした活動が認められ、市町村から助成金や補助金を受給することもある。行政の委託事業となることもある。そうすると、前章で指摘されたように、要項や枠組みが決定され、要項に沿わない人へのサービス提供が難しくなるケースが出てくる。新たな制度の狭間問題が生まれてくる。背景として、昨今は官から民への業務委託には市場化テストを導入する傾向が高まっている。市場化テストによる評価項目の枠に当てはまらないような活動に対しての評価は厳しいものとなる。委託事業になれば、モニタリングと事業評価によって成果を出すことが事業の継続性や安定性の条件となる。さらに、予算の効率性が求められる。そのことにより、またしても生活問題に自ら対策を講じていこうとする人とそうでない人を峻別することになる。専門家と言われる人の助言を聞き入れることができる人はスムーズに利用者となることができる。ところが、サービスや専門職に抵抗ある人に寄り添うような活動は資金面で苦慮することになると推察される。限られた助成金や受託事業費のなかでは、困難事例とされる人に対して「自立」という成果を求めず継続的に寄り添うことはコストを度外視することになる。ＰＤＣＡサイクルが推進されればされるほど効果や成果という軸では測れない活動の継続性と安定性が担保できない状況が起こる。声なき声を拾い、代弁する力や社会的立場の弱い人の権利を擁護する力こそが前述したように地域福祉の機能である。

【注】

（1）母子福祉対策要綱（一九四九年一一月三〇日閣議了解）国会図書館リサーチナビ〈https://rnavi.ndl.go.jp/politics/entry/bib01009.php〉。

（2）『平成二三年版　厚生労働白書』三九－四〇頁〈https://www.mhlw.go.jp/wp/hakusyo/kousei/11/dl/01-02.pdf（2020-6-5）〉。

（3）国立社会保障・人口問題研究所ホームページ「社会保障に関する勧告」〈http://www.ipss.go.jp/publication/j/shiryou/no.13/data/shiryou/syakaifukushi/1.pdf　二〇二〇年九月二五日閲覧〉。

（4）厚生労働省ホームページ「生活保護法による医療扶助と公衆衛生法規との関係について」〈http://www.mhlw.go.jp/web/1_doc?datald=00ta8429&dataType=1&paperNo=1　二〇二〇年九月二五日閲覧〉。

（5）厚生労働省ホームページ「生活に困窮する外国人に対する生活保護の措置について」〈http://www.mhlw.go.jp/web/t_doc?datald=00ta1609 & datatype=1 & pageNo=1（2020-9-25）〉。

（6）国立社会保障・人口問題研究所　ホームページ〈http://www.ipss.go.jp/publication/j/shiryou/no.13/data/shiryou/syakaifukushi/7.pdf（2020-6-8）〉。

（7）内閣府ホームページ　年次経済財政報告（経済財政白書）昭和五〇年「年次経済報告」(4)福祉と財政金融〈https://www5.cao.go.jp/keizai3/keizaiwp/wp-je75/wp-je75-02204.html（2020-5-30）〉。
（8）国立人口保障問題研究所ホームページ「新経済社会七ヵ年計画」（一九七九年八月）〈http://www.ipss.go.jp/publication/j/shiryou/no.13/data/shiryou/souron/8.pdf（2020-5-30）〉。
（9）全国社会福祉協議会（一九七九）『在宅福祉サービスの戦略』。
（10）三浦文夫『増補改訂　社会福祉政策研究　福祉政策と福祉改革』全国社会福祉協議会、一一六頁。
（11）厚生労働省ホームページ「社会福祉基礎構造改革について（中間まとめ）」の要点〈https://www.mhlw.go.jp/www1/houdou/1006/h0617-1.html#1（2020-6-5）〉。
（12）厚生労働省ホームページ　社会福祉基礎構造改革について（社会福祉事業法等改正法案大綱骨子）〈https://www.mhlw.go.jp/www1/houdou/1104/h0415-2_16.html（2020-6-8）〉。
（13）厚生労働省ホームページ「生活保護制度の在り方に関する専門委員会　報告書」〈https://www.mhlw.go.jp/shingi/2004/12/s1215-8a.html（2020-6-10）〉。
（14）「地域包括ケア研究会　報告書―二〇四〇年に向けた挑戦―」三菱ＵＦＪリサーチ&コンサルティング〈https://www.murc.jp/sp/1509/houkatsu/houkatsu_01/h28_01.pdf（2020-6-11）〉。
「自助」のなかには、「自分のことを自分でする」という以外に、自費で一般的な市場サービスを購入するという方法も含まれる。たとえば、お弁当を購入するのも、調理しているのは自分ではないが、その対価を自ら負担しているという意味において、これも「自助」と考えるべきである。「互助」は、相互に支え合っているという意味で「共助」と共通点があるが、費用負担が制度的に裏付けられていない自発的なものであり地域の住民やボランティアというかたちで支援の提供者の物心両面の支援によって支えられていることが多い。また、寄附金などのかたちで不特定多数の支援を受けている場合もあるだろう。

さらに、いわゆる有償ボランティアとして、利用者から金銭を受け取っているものの、市場価格には及ばない部分的な報酬のみを受け取っている場合は、「互助的要素」と、「自助的要素」を重複して備えているといえる。

（15）厚生労働省「介護予防・日常生活支援総合事業の基本的な考え方」費用負担が制度的に保障されていないボランティアなどの支援、地域住民の取組み〈https://www.mhlw.go.jp/file/06-Seisakujouhou-12300000-Roukenkyoku/0000192996.pdf（2020-6-11）〉。

（16）厚生労働省ホームページ「生活支援体制整備事業と地域ケア会議に求められている機能と役割について」平成三〇年一月二二日（月）厚生労働省老健局振興課〈https://www.mhlw.go.jp/file/06-Seisakujouhou-12600000-Seisakutoukatsukan/0000114063_14.pdf（2020-6-12）〉。

参考文献

一番ケ瀬康子（一九九〇）『新・社会福祉とは何か――現代の福祉』ミネルヴァ書房。

伊藤周平（二〇〇七）『権利・市場・社会保障　生存権の危機から再構築へ』青木書店。

岩田正美（二〇一六）『社会福祉のトポス』有斐閣。

岸勇（一九五八）「低所得階層問題と厚生行政の方向」日本社会福祉学会編『日本の貧困』有斐閣。

厚生労働省（二〇一一）『平成二三年版厚生労働白書』。

杉村宏（一九八一）「戦後公的扶助の展開――特に一九六〇年代の転換に関連して」吉田久一編『社会福祉の形成と課題』川島書店。

玉井金五（一九九二）『防貧の創造――近代社会政策論研究――』啓文社。

古川孝順・庄司洋子・定藤丈弘（一九九三）『社会福祉論』有斐閣。

古川孝順（一九九五）『社会福祉改革――そのスタンスと理論』誠心書房。

古川孝順（二〇一二）『社会福祉の新たな展望――現代社会と福祉』ドメス出版。

三浦文夫（二〇〇〇）『増補改訂　社会福祉政策研究　福祉政策と福祉改革』全国社会福祉協議会。

宮地克典（二〇一四）「日本における失業対策事業史再考：失業者の雇用・生活問題を中心に」『経済学雑誌一一五（2）』大阪市立大学経済学会、二一九～四九頁。

村上貴美子（二〇〇〇）『戦後所得補装制度の検証』勁草書房。

第2部

政策・司法を問う

——社会運動の広がりと裁判——

第4章

社会保障裁判の実践
——法廷の内と外でやるべきこと

喜田崇之

筆者は、これまで社会保障分野に関わる裁判をいくつも経験してきた。現在でも、後に詳述する年金引き下げ違憲訴訟の大阪弁護団の事務局長として、生活保護引き下げ違憲訴訟の大阪弁護団の一員として、またその他の事件も含めて、社会保障裁判に携わっている。

本章では、社会保障分野の訴訟を戦う弁護士が、裁判を通じて何を獲得目標としているのか、裁判にどのような意義・可能性があるのかについて述べる。そして、それらの獲得目標のために、裁判所のなかだけでなく、裁判所の外で、具体的にどのような実践を行っているのか、そこにはどのような課題があるのか等を述べる。

1 社会保障裁判の意義・可能性

(1) 一つの勝訴判決が生活問題を変える

われわれが、社会保障裁判を通じてめざすものは何か。第一に、言うまでもなく、勝訴判決を得ることである。勝訴判決には、社会保障の現状を変える大きな力があるからである。

実際の行政の現場は、前例から逸脱した方向に急に舵取りをすることは難しい。仮に、社会保障行政の現場で、運用になんらかの問題があり、問題意識を有する職員が運用を変えたいと思ったとしても、行政組織が前例に囚われてしまい、現場の運用を変えることは相当に難しい。

ただ、他方で、もちろん何等かの外的要因によって現場の運用が変わることはある。本来的には、その外的要因とは、市民からの政治的な要求であることが望ましいのだが、「勝訴判決」にも、行政のルールを変える外的要因となる。一度勝訴判決が下されれば、たとえそれが一つの事例判断だったとしても、その社会的意義はきわめて大きく、単に原告一人の問題が解決するというだけでなく、社会保障制度そのものを見直す大きな契機となることもある（このような社会政策の形成という機能を持った裁判を、いわゆる政策形成訴訟などと呼称する場合があるが、この点の詳細は第6章で詳しく述べる。）。

筆者が弁護団として携わった枚方生活保護自動車保有訴訟の例を紹介したい。このケースは、当時六九歳の女性が、夫を亡くして生活保護を利用せざるを得ない状況になった。女性は、生まれつき股関節に障害があり、病院の通院や日常生活に自動車の利用が不可欠だったにもかかわらず、枚方市が、生活保護を利用しながらの自動車保有を認めない処分を下したため、その処分が違法であると裁判で争ったケースである。

自動車保有は今もなお高いハードルが残されたままであるが、当時、枚方市はもちろん、多くの行政で、生活保護を利用する人・利用しようとする人は、保有が認められる例外要件についてほとんど検討されることもなく、保有が認められないケースが相次いでいた。そのようななか、三年以上の審理の後、裁判所は、原告が生活保護を利用したまま自動車を利用することを容認する勝訴判決を下した。枚方市側は控訴を見送り、判決は確定した。

注目すべきは、判決後、明らかに枚方市の生活保護行政が変わったことである。原告のケースはもちろんのこと、原告以外の方で生活保護を利用しながら自動車保有が必要なケースが複数あったが、いずれも自動車保有を認める運用がなされた報告が届いている。行政にとってみれば、正しく運用をしなければ裁判で違法の判断が下されるという当たり前のことが突き付けられ、判決が現場の運用を改める大きなきっかけとなった。枚方市と生活保護に関する支援者の報告によると、自動車保有以外の場面でも、生活保護行政の変化がみられているという。

また、各自治体で、自動車保有を認めるケースでも通院等以外に自動車を利用することを厳しく制限するように指導する事例も数多く聞かれていた（実際に、上記事例でも原告が通院以外に何に自動車を利用したのか厳しく監視されていた。）が、判決は、自動車保有を認めた場合には通院以外の様々な日常生活で活用することはむしろ補足性の原則を規定する生活保護法四条の趣旨にかなう旨を述べたことから、そのような自治体のやり方も正面から否定されることとなった。

このように、勝訴判決は、確実に行政の現場を変える力がある。漫然と続く悪しき現場の慣行を変え、意識の高い職員の後押しとなり、ルールを変える力の源となる。

（2） 裁判を通じた社会への問題提起という意味

では、「勝訴判決」を得ることがすべてであろうか。

「敗訴判決」に価値はないのかと言われれば、実はまったくそのようなことはない。法的な壁に阻まれてたとえ勝訴判決とならなかったとしても、裁判で問題とされたことが社会に広く知れわたることになって、社会的に問題意識が高まれば、社会的・政治的に問題点が大きく改善することがある。この「社会に対する問題提起」こそが、裁判を通じてめざすもう一つの重要な目的である。

裁判で訴えたことが多くの人びとの関心を集め、人びとの規範意識を大きく変化させた結果、裁判では形式的に敗訴したものの、大きな成果が得られたケースの一つといえるのがいわゆる「朝日訴訟」であろう。

朝日訴訟は、社会保障裁判の歴史を語るうえで欠かせない。裁判自体は、高等裁判所で逆転敗訴となり、最高裁判決の前に原告の朝日さんが亡くなったので、そのまま高裁判決が確定した。しかし、たとえば当時の日用品費月額六〇〇円であること等、当時の生活保護水準があまりに低すぎるのではないかということは、社会全体に大きく問題提起され、多くの人が疑問を持つこととなった。結果として、判決の後、生活保護基準の金額が改善されたり、その他の社会保障制度の発展につながっていったことからすれば、朝日さん自身は救済されなかったものの、社会保障運動として見れば、生活保護制度の大きな前進を勝ち取ったことになる。

また、朝日訴訟は、言うまでもなくその後の社会保障運動の大きな礎になり、多くの人が朝日訴訟に勇気づけられ、その後様々な社会保障裁判へとつながっていくことにもなった。

このように、裁判で訴えたことが社会に問題提起され、多くの方々に問題意識を理解してもらうことにより、たとえ裁判所が原告の主張を法的に認めなかったとしても、裁判の外で政治的に解決することも期待でき、結果として、われわれが主張する要求が実現することができるのである。

これは、社会保障裁判の重要な役割である。

(3) 社会的な理解を深めることが勝訴判決への基盤を作る

社会に対する問題提起には、もう一つ大きな意味がある。

実は、社会的な問題意識や制度改善の政治的な要求が高まれば高まるほど、勝訴判決が下されやすくなる。社会保障裁判に携わる弁護士は皆このことを認識しているので、社会に対する問題提起が重要であると考えているのである。いわば、問題を社会化することによって、勝訴判決の基盤を作るということである。

そもそも、本来、司法府に与えられた究極的な役割は、国民の人権保障である。司法は独立した立場から、何ものにも干渉されることなく、多数によって決められたルール（立法）やその運用（行政）によって、一部の人の人権が侵害されていると判断される場合には、迷うことなく違憲立法審査権を行使し、立法や行政に対しストップ（憲法違反）をかけることが本来的に求められている。したがって、司法は、たとえ世の中の理解が十分に得られていない問題であっても、人権保障のために必要な場合には、躊躇することなく、立法や行政を否定する必要がある。

しかし、残念ながら、現実の日本の裁判所、とくに最高裁判所の判決を見ていると、司法府は、社会的な認識・規範に大きく左右されていると言わざるを得ない。日本の司法は、世の政治情勢や国民世論を絶えず意識するきわめて『政治的色彩の強い』機関になっており、この感覚は、社会保障裁判に関わる多くの弁護士が半ば常識的感覚として持っていることである。

そのため、弁護士は、勝訴判決を得る基盤を作るために、裁判所の内外で広く世の中に問題提起し、理解を深めてもらう努力をする。裁判所が勝訴判決を下した場合、社会がその勝訴判決を理解し、受け入れ、歓迎し、裁判所の価値判断が正しいと思える状況を作ろうとする。長期間にわたる訴訟の審理のなかで、社会的に問題が認知され、裁判の結論が多くの国民の関心事になり、問題が改善されるべきという社会的な雰囲気が醸成されるように尽力するのである。

裁判が社会的に注目され、かつ原告側が勝つべきであるという社会的な価値観が広まれば広まるほど、裁判所はそれを敏感に感じ取り、原告勝訴判決を下しやすくなる。弁護士側からすれば、裁判所が敗訴判決を下した場合には、社会的に裁判所への批判が高まり、裁判所への信頼をなくすことになるということを理解させていくのである。

2　弁護士はどうやって社会保障裁判を闘っていくのか

(1)　論点をわかりやすく整理し、伝える。

では、弁護士は、とくに裁判所の外で具体的にどのようなことを行うのか。

まず、何が問題となっているのか、問題の背景は何なのかをという論点を整理し、わかりやすく伝えるということである。問題点の整理は、法的問題としての論点（どの法律・規則のどの文言の解釈の問題なのか）ということだけでなく、よりマクロな視点をもって、問題の背景を分析し、改善を訴えていくことになる。当然のことながら、メディアを含めて、一般の方々が理解しやすいように、言葉を選び、論点の重要度も整理する。

提訴時には、提訴行動を行い（提訴のために裁判所に弁護士や原告が入っていくところを撮影してもらうこと等）、記者会見を行い、わかりやすく整理した論点を世の中に伝え、法律や制度の何が問題なのかをわかりやすく伝え、広く世の中に問う。

また、記者会見にはできる限り、原告にも同席してもらい、直接声を届けてもらうようにしている。後述するように、原告の生の声こそが、理不尽さや問題点を人びとに訴えかける最も大きな力を秘めているからである。

(2) 原告を支える支援団体を結成する

裁判を闘っていくのは、弁護士ではなく、原告である。原告が、自らの裁判を理解し、自らの言葉で事実を語り、不条理を訴えるのである。繰り返しになるが、原告の直接の訴えが、裁判所を説得する力を生み、社会を変える大きな原動力となる。原告が弁護士に裁判を丸投げしているような事件だと、事件の広がりや、大きな成果は見込み難い。

もちろん、裁判の原告となり、大きな注目を浴びて、様々な活動をするとなると大きな負担となる。何度も弁護団会議に出席して難しい法的論争を理解したり、様々な会合・集会に足を運んで裁判の訴えをしたり、街頭で市民に裁判への理解を呼びかけることも重要である。ときには、政治家にアプローチして、裁判の問題を国会で取り上げてもらったり、立法的解決に向けて働きかけをしていくことも必要となる。そして、地方裁判所（一審）、高等裁判所（二審）から、最高裁判所まで裁判を続けるとなれば、裁判は長期化し、提訴から四年、五年が経過していることなどざらに起きることである。肉体的にはもちろん、精神的にも負担が大きいし、金銭面でも様々な経費・実費の負担がある。ときには、いわれなき批判も受けることもあるかもしれないし、自身の気持ちが揺れることもあるかもしれない。

長い裁判闘争を戦うには、原告を孤立させてはいけない。原告の訴えに耳を傾け、原告の訴えの正当性を確信する仲間の支えが必要となる。支援者によって、原告の負担を減らすことが可能となり、原告が、より確信をもって、裁判闘争を続け、世の中に問題提起することが可能となる。

このようなことから、弁護団の方針や当事者の実情によって形態は異なるものの、裁判闘争をするにあたって、原告を支える何らかの支援団体を組織することが多い。私も、これまで様々な弁護団活動を行ってきたが、ほとんどのケースで、原告を支援する何らかの組織を結成し、様々な支援活動を行ってきた。そのなかで、原告が支援者の存在に大いに励まされてきたところや、支援者がいたから裁判を乗り切れたと原告が口にしてきたところを、筆者は何度も見てきた。

支援団体は、その存在だけで原告が勇気づけられることはもちろん、各地で裁判支援の訴えを広げて支援の輪を広げてもらったり、カンパを集めたり、裁判内容の学習会を開催したり、ときには裁判資料を作成してもらうことすらある。裁判期日のときには傍聴に来てもらい、裁判の状況に関する報告集会にも参加してもらい、裁判がどのような形で進行しているのかも理解してもらう。支援者も、そのような活動を通じて、問題意識を共有し、当事者の訴えにさらに確信を抱いていくことになる。

弁護士も、当然のことながら、支援団体と連携し、各方面のサポートを行う。支援団体の結成やそのサポートも、社会保障裁判とは切っても切り離せない。

(3) 新たな価値観を喚起する運動を展開する

これまで、私たち弁護士が、裁判を勝利するために、または裁判を通じて社会に問題提起をするために、裁判の外でも様々な活動を行うことを述べてきた。そのなかで、弁護士は、一部の弱者を苦しめる不合理な制度が存在しているという「事実」を伝えるだけではなく、一見して合理的と思われる制度に、不合理性が含まれることや、苦しめられている人たちがいることを理解してもらったり、また、多くの人が当たり前と思っている制度そのものが実は不十分なものであるという問題意識・権利意識を喚起させなければならないことも多い。要するに、新たな価値観を持ってもらわなければならないときがある。

前述の生活保護自動車訴訟の例でいえば、自動車利用が制限されることで通院すら不可能になってしまう過酷な状況や、自動車利用を優先せざるを得ないために自動車利用が必要な人の多くが生活保護の利用をあきらめている現状などを伝えるとともに、それだけでなく、「生活保護を利用する人が自動車を利用するなんて受け入れがたい。」と古典的なスティグマを持つ人たちに対して、それが根拠のないただのスティグマであることを認識してもらったり、問題点を十分に伝えて価値観に変化をもたらす努力もしなければならない。

年金水準引き下げの問題でいえば、少子高齢化が進み年金財政が困難であろうことから、ある程度の引き下げはやむを得ないと思っている方や、とくに若い世代の負担を減らしたいという意識から、引き下げやむなしと考えている方も一定数いることはたしかである。

また、生活保護費の引き下げ問題も同様に、政府が決めた引き下げの経緯が、いかにこれまで積み重ねてきた生活保護基準の決め方の議論から大きく逸脱し、専門家会議の議論を軽視し、経済の専門家から見ても不合理な指数を計算根拠として基準を決めるという強硬かつ不合理なものだったと主張しても、ある種感情的に生活保護の引き下げを肯定する人も少なくない。

そのような人たちに対しても、できる限りわかりやすく簡潔に問題点を伝える必要性もあるし、他方で、年金水準や生活保護費を守る重要性、社会保障制度の重要性、そもそも「貧困」とは何か、そういったところの根本的な議論を地道に積み重ねる必要もある。

私たちの要求実現のために、一人でも多くの方々に問題点を理解してもらい、新たな価値観を喚起する努力を積み重ねるのである。

3　社会保障裁判にはどのような課題があるか

(1) 行政訴訟の勝訴率の低さ

では、社会保障裁判にはどのような課題があるか。第一に、一般論として行政訴訟の勝訴率が低く、また、行政訴訟特有の難しさがあるという点が挙げられる。

社会保障に関する裁判の多くは、いわゆる行政訴訟に分類され、いわば国の大きな政策として実施されている事項であることから、一般論として、裁判所が国側・行政側を負かすことに慎重となり、原告側勝訴率は他の事件に比べて低いことは歴然とした事実である。実際によく問題となるのは、「行政裁量」(とくに専門的な判断に関わる裁量性等)による行政処分を裁判所が容認する傾向にあり、既存の行政判断を覆す判断をしにくい点である。原告側は、ある行政処分が、行政側の有している裁量を逸脱した、もしくは濫用した事情を主張・立証しなければならないのだが、裁判所がなかなかこの判断をしない。

また、たとえば刑事事件では裁判のなかで証拠開示の制度ができたことにより、国側（捜査側）の証拠の取得が容易になった側面があるが、行政事件はそのような手続きがない。国側が自己に不利な証拠など出すはずもないため、行政内部の十分な情報が得られない場合も多く、裁量を逸脱・濫用した事情を立証することは未だに大きなハードルである。

弁護士は、このような行政事件特有の難しさのなかで、様々な技術を凝らして行政判断の違法を裁判所に認定させなければならないのである。

（2） 裁判所の国際人権意識の乏しさ

裁判所の人権意識、とくに国際人権条約に関する認識が不足しているという点も、大きな問題である。

具体例を一つ述べると、日本の裁判所は、社会権規約第九条が規定する「後退禁止原則」の裁判規範性を肯定していないという問題がある。

社会権規約は日本も批准している国際条約なので、国は、当然のことながら、社会権規約の内容を遵守しなければならない。そして、社会権規約第九条の「後退禁止原則」は、社会保障についての権利に関連してとられた後退的な措置（年金給付額や生活保護給付額の削減はまさに後退的な措置である。）は、原則として許さないという規定で、その結果、社会権規約違反が強く推定されることになる。そのため、そのような削減措置がとられた場合には、国は、それがすべての選択肢を最大限慎重に検討した後に導入されたものであることおよび利用可能な最大限の資源の完全な利用に照らして、規約に規定された権利全体の関連によって、削減措置が正当化されることを証明する責任を負う（社会権規約九条の一般的意見一九、参照）。要するに、国側が、財源的に見ても、他の方法等では対処できない、やむに已まれない削減であることを証明できなければ、当該後退的措置（削減）は、違法と判断されるということである。

われわれ弁護士は、年金引き下げ違憲訴訟においても、生活保護引き下げ違憲訴訟においても、当然のことながら、社会権規約九条にもとづく議論を展開しているし、過去の様々な社会保障裁判においても、社会権規約違反を主張してきた。

しかし、裁判所は、「後退禁止原則」の裁判規範性を肯定しない。かろうじて、大阪高裁平成二七年一二月二五日判決が、社会権規約の内容が、法律や憲法の解釈に反映されることを認めたが、逆に言えば、裁判規範性は否定されている。裁判規範性が否定されるということは、要するに、社会権規約違反を直接の理由として、行政処分の違法・無効を裁判で争うことができないということである。

なお、国際的には、社会権規約の裁判規範性が肯定されている裁判例はいくつも出ているし、日本の判例の考え方については多くの国際法学者が批判するところである。その他にも、裁判所は、様々な国際法、条約等にもとづく主張に対して、正面から向き合おうとしない傾向が強い。

このように、日本の司法は、社会権規約をはじめとして、様々な国際人権に関する条約等の認識に乏しい現状がある。

(3) 社会の価値観を変えることの難しさ

そもそも、社会に対する問題提起を行い、社会の価値観を変えたり・権利意識を高めるための裁判外での活動は、当然のことながら容易なことではない。

実際に、年金額引き下げの問題や、生活保護費引き下げの問題について、原告団・支援団体・弁護団らの様々な活動により、問題点の理解が徐々に広がっていき、大きな支援・理解が広がっている一方で、大多数の国民に理解が及び、社会の認識が変化したとまでは言い難い状況にある。

社会保障分野に限らず、様々な権利運動の歴史を振り返ると、たとえば「障害者運動」にしても、「女性の権利」運動にしても、昔と比べて飛躍的に社会の理解が進んだ分野は数多くあるが、一朝一夕に社会の価値観・規範意識が変容したわけではない。少しずつ、問題を訴えている人がいることが認識され、問題を理解する人が増え、認識が変わり、制度やルールが変わり、規範意識も変わっていく。その過程では、長い歳月をかけて、地道な運動・訴えが続けられてきたわけであり、その結果として、ようやく少しずつ社会が変わっていくものである。

つまり、単に訴訟を提起し、裁判を通じて社会に問題提起をしても、それだけでは社会の価値観や権利意識が突如として高まることは難しい。

生活保護の引き下げの問題でいえば、前述したような、引き下げに至る様々な不合理な「事実」を知ってもらう必要があるし、それだけではなく、そもそも「貧困」とは何か、生活保護費はどのようにして決定されてきたのか（あるいはされるべきものなのか）、生活保護制度がいかに重要な制度であるか等といったことを訴え続けていかなければならない。社会の価値観を変化させることは困難なことであり、そのためにどのような訴え・運動をしていくかは大きな課題である。

ただ、たとえば生活保護の歴史を振り返ってみても、昔は、テレビもクーラーも「贅沢品」ということで生活保護受給者が保有できなかった過去がある。しかし、前述した朝日訴訟をはじめとして様々な社会保障分野の訴訟の歴史が積み重ねられ、様々な社会保障の権利獲得に向けた地道な運動や、社会情勢の変化とともに、現在では、テレビやクーラーの保有は当然とされるようになった。自動車の保有に関しても、前述した枚方市の自動車保有の勝訴判決等を通じて、少しずつ、現場の実務を変えていくことができた。

つまり、今現在の運動や訴えが直ちに制度に反映されなかったとしても、それを地道に続けていくことや、様々な社会保障裁判やその運動が積み重ねられていき、その理解が深まっていくことによって、社会全体に価値観の変化をもたらすことができるはずである。

（4）立場を超えて連帯することの難しさ

社会に対する問題提起をしたときに、本来であれば、当該問題を理解することができる人たちが、ある属性にカテゴライズされ、分断され、対立構造に立たされることにより、その立場を超えて連帯して理解を示せないジレンマに陥るときがある。

年金額引き下げの問題で言えば、たとえば、「年金受給世代」と「現役世代」である。国は、年金額の引き下げを行う理由の一つとして、若者世代の負担を減らし、高齢者世帯との世代間の格差を是正するという目的を挙げる。ここでは、われわれは、自分たちが意識するとしないとにかかわらず、「年金受給世代」と「現役世代」に区別され、国側の理屈によって対立構造を生み出されてしまっている。この対立構造は、裁判で国が主張していることからもわかることであるが、意図的に生み出されていると理解すべきである。

現役世代の人たちの多くは、ただでさえ余裕のある暮らしができないなかで年金保険料の負担を強いられているため、そうした国の主張に一見合理性があると考えたとしても無理もない。

しかし、継続的な年金削減を肯定してしまえば、年金「制度」そのものが維持されたとしても、現役世代が将来支給される年金額は、当然のことながら、現在と比較して大きく削減されることになる。現役世代のために年金を削減すると言われれば、現役世代には聞こえがよいが、その結果は、将来の自分たちの年金削減を招くことを意味している。

ゆえに、現役世代が、自身の将来の年金額を保証して受給できるようにするためには、年金受給世代とともに連帯し、年金削減に反対を唱えなければならない。そうであるから、本来的には、「年金受給世代」と「現役世代」は、お互いの利害が対立するのではなく、よりよい年金制度を守っていくという共通の利益があり、ともに連帯して理解しあう必要がある。この、社会全体で連帯するということが、今、われわれに突き付けられている大きな課題である。

この点、フランスで、政府の年金削減改革に対して、年金受給世代と現役世代が、連帯して反対の運動を展開している例を簡単に紹介したい。

マクロン政権は、フランス国内の四二ある年金制度を一本化し、将来的に年金受給年齢を六二歳から六四歳に引き上げる内容の年金改革を打ち出した。これに反対した労働者を含む国民が怒りを示し、二〇一九年一二月には、フランス全土で八〇万人以上の労働者が抗議デモに参加した。そして、鉄道・教育現場・病院関係・観光その他様々な分野での現役世代がストライキを実施し、ルーブル美術館・エッフェル塔等の主要な観光地も閉鎖される事態が続いた。現役世代労働者が、年金問題を自己の問題としてとらえ、ストライキを打って反対し、高齢者世代と反目することなく、年金改革に反対している姿は、まさに、分断を乗り越え、その立場を超えて、連帯して理解し合えているといえよう。

日本でも、まさに年金受給世代と現役世代が一体となって、よりよい年金制度を確立するために、年金削減の問題点を理解し、年金削減に歯止めをかけていく必要がある。

このような対立構造は、たとえば生活保護の「受給者」と「被受給者」にもみられるところである。

二〇一二年、とあるお笑い芸人の母親が生活保護を利用していることに対し、自民党の片山さつき議員が中心となって追求し、自民党による生活保護バッシングがその後に展開された。メディアと一体となって、生活保護を利用することや、受給世帯に対する一般市民のイメージは大きく悪化し、「受給者」と「被受給者」の分断がより深まることとなった。とりわけ、非正規労働者・ワーキングプアー層のなかには、自分は生活向上のために懸命に頑張っているにもかかわらず、生活保護受給者は頑張っていないかのような宣伝がなされた結果、分断の意識は深く刻まれたように思われる。そして、分断が進むことにより、弱者が弱者を非難する構造が生み出されてしまい、双方がいつまでも弱者のまま抜けられないことになってしまう。

本来であれば、非正規労働者・ワーキングプアー層も、本来的には社会的弱者の一部であり、それらを生み出している社会構造そのものに、生活保護受給者とともに連帯して改善を求めていくべきである。社会的な弱者は、立場を超えて、連帯し、自分たちの立場を改善するように要求していかなければならないという視点が、ここでも失われているように思われる。

このような「受給者」と「被受給者」の分断は、今もって根強く残っており、生活保護引き下げ違憲訴訟が、広く一般市民に理解され、世論によって支えられていると言えない状況にある要因の一つであろう。

その他にも、「社会保障の財源不足」を強く意識させられることによって、「利用者」と「被利用者」、

「受益者」と「負担者」等とカテゴライズされ、あたかも対立構造にあるかのように認識させられていることはしばしばみられる。その結果、必ずしも対立構造にない当事者であるにもかかわらず、ある特定分野の社会保障の後退に対して、他の社会保障の対象者が十分に連帯して理解を示すことができないことになる。

このような対立構造の渦に巻き込まれてしまうことが原因で、連帯して運動を展開することがうまくいかなかったり、相互に問題点の理解を深められなかったり、社会全体として社会保障を前進させることができなかったり等といった課題は、やはり確実に存在し、それを解消することは運動上の今後の大きな課題であると思われる。われわれは、意識的に、対立構造の渦に陥らないようにして、多くの人たちの連帯の輪を広げていかなければならない。

そのためには、問題に直面している当事者がもっと声を上げ、また私たち専門家や支援者がその声を広げていく必要もあるし、また、福祉の現場にいるソーシャルワーカーにももっと問題の声を上げてもらいたいと思う。

もちろん、社会保障のあり方に対する考えや問題意識は、人それぞれであり、それぞれの立場で異なることは当然のことである。しかし、そのような異なる考えがあったとしても、大きな方向性として、それぞれの社会保障の権利拡充に向けて理解を深めあい、社会全体が連帯して、広く支援が広がることが必要になる。

4　生活保護引き下げと年金引き下げに関する裁判の現状

(1) 年金引き下げ違憲訴訟

本章の最後に、現在、全国各地で係属中である年金引き下げ違憲訴訟と、生活保護引き下げ違憲訴訟との内容と現状を少し整理する。

年金引き下げ違憲訴訟は、現在、全国三九の裁判所で、総勢五〇〇〇人以上の原告らが、①平成二四年法改正にもとづくいわゆる「特例水準」解消による年金減額、②平成二七年に初めて適用されたいわゆる「マクロ経済スライド」による年金減額が、憲法二五条、憲法二九条、社会権規約違反、ILO一〇二号条約違反等を理由に無効であることを訴えている裁判のことである。

マクロ経済スライドとは、毎年、物価スライド制度によって年金額が上昇する場合に限って（物価スライド制度によって年金額が減少する場合にはマクロ経済スライドの適用はない）、その上昇幅を上限として自動的に調整（抑制）するものである。そのため、マクロ経済スライドの適用によって、支給額の名目が下がることはないが、実質的な価値が減少するというものである。マクロ経済スライドにより年金額を「調整」するなどと言われるが、実質的な価値が減ることはあっても、マクロ経済スライドによって年金額が増えることはいっさい起こらない。

マクロ経済スライドは、経済成長率・出生率・その他様々な不確定要素をファクターとして、きわめて複雑な計算にもとづき、一〇〇年後の年金財政が推測されているところ、現在のままでは年金財政が一〇〇年後に危機になる（年金財源の一年分を確保することができない）と予測されている（ことになっている）ことや、世代間格差を是正する必要があることを根拠として、年金削減をするために導入された制度である。

全国で約一一万人以上の方々で構成される全日本年金者組合を中心に、裁判を支援する体制が全国で組まれ、様々な団体と連帯しながら、裁判運動が進められている。筆者が事務局長をしている大阪の裁判では、期日ごとに、必ず原告の意見陳述を行い、期日後には報告集会を開いて裁判内容を説明している。その他にも、弁護士が講師となって、裁判のことだけでなく、年金制度そのものを含めた学習会を各地で開催するなどしてきた。また、二〇一九年一〇月には、筆者は支援者とともに、直接スイスのＩＬＯ事務所に行って、日本の年金水準がＩＬＯ一〇二号条約に定める水準に達していない説明を行い、ＩＬＯにも理解を求めるなどの働きかけも行っている。

数ヵ所の地裁で、原告らの請求を棄却する不当な判決が下されているが、今後も引き続き、年金受給世代と現役世代が連帯して引き下げに反対する大きな機運を作っていくことや、判決の問題点をふまえて上級審での巻き返しができるか等が課題である。

（2）生活保護引き下げ違憲訴訟

生活保護引き下げ訴訟は、現在、全国三〇以上もの裁判所で、総勢一〇〇〇人以上の原告らが、平成二五年から平成二七年四月までの間に三回に分けて実施された保護費引き下げが、憲法二五条や生活保護法違反を理由に無効であると訴えている裁判のことである。

引き下げは、①デフレ調整（物価下落を理由とする削減）を理由とする削減が約五八〇億円、②ゆがみ調整（一般世帯の支出と貧しい世帯の支出を比較した結果、不均衡になっていることを理由とする削減）を理由とする削減が約九〇億円、合計約六七〇億円に（生活保護世帯平均で約六・五％の削減）および、過去に例を見ない引き下げであった。裁判では、このデフレ調整、ゆがみ調整も、いずれもきわめて問題のある内容であることを主張・立証している。

紙面の都合で詳細を説明することはできないが、たとえば、二〇一九年一〇月には、今回の引き下げの社会保障審議会生活保護基準部会の実質的なトップであった貧困研究の専門家である岩田正美教授が、裁判所の証人として、部会では、物価の議論をしておらず、デフレ調整を名目とする引き下げが決まったことも報道で知ったほどであった旨を証言した。要するに、専門家の議論・報告書を無視するかたちで、突如として物価下落を理由とする削減デフレ調整が決定されたことが証明されている。

また、ゆがみ調整による削減についても、現在の生活保護基準の改定方式と相容れるものではないし、実際の算出も、所得下位一〇％の貧困世帯と一般世帯の支出を比較しているのだが、所得下位一〇％の世帯には、そもそも生活保護を受けずに生活保護水準以下での生活を強いられている世帯も多く、そのような世帯と比較することによって、際限なく基準が下がってしまうなどという問題が浮き彫りとなっている。

運動面でも、各地で少し形態は異なるものの、様々なかたちで原告らや裁判を支える組織を作り、原告ら・支援者・弁護団が一体となって、裁判運動を進める体制をつくっている。全国で原告の交流会を催したり、各地域でもそのような会を開催したりするなどの取り組みも行ってきた。また、裁判では、経済分野に関するきわめて技術的かつ専門的な論戦になっているが、原告らや支援者が主張内容を理解し、生活保護引き下げの不合理さが伝わるように、裁判の傍聴者にも理解できるように法廷でプレゼンを行ったり、裁判期日の後に報告集会を開いて裁判の内容を説明したり、他にも学習会を開催するなどしている。

しかしながら、令和二年六月二五日、全国の裁判所で初めて、名古屋地方裁判所が、きわめてひどい判決内容をもって、原告らの請求を棄却する判決を下した。

判決は、原告が述べた様々な問題にほとんど目をつむり、「裁量」の範囲というマジックワードで片づけてしまっているほか、明らかに生活保護法の条文に反するような論述すらも展開している。

一例を紹介すると、判決は、保護費引き下げを判断するにあたり、「国民感情や財政事情を踏まえ」ることができることが明らかであるなどと判断したのだが、生活保護法八条二項は、保護費の基準につき「要保護者の年齢別、性別、世帯構成別、所在地別その他保護の種類に応じて必要な事情」を考慮するものとされており、国の財政事情や、ましてや国民感情など考慮材料にならない（してはいけない）ことは法文上明らかであり、明らかに誤った判断をした。

この点、憲法学者の木村草太教授も、「法律の文言も趣旨も無視しているわけですから、この判示は法治国家原理の放棄です」と判決内容を痛烈に批判するところである（六月二六日付Buzz Feed News）。

このような判断が下されたこと自体許されないことであり、社会保障裁判に対する裁判官のあまりのレベルの低さに危機意識を感じざるを得ない。しかし、問題の多い判決であることも明らかである以上、必ずや覆されるものと確信しているし、他の地域で、原告らの言い分を認める判決が下されるはずである。また、われわれ自身も、このような判決を下させない取り組みを続けていかなければならない（国民感情を考慮して保護費削減が許容されるなどと裁判所に言わせないような世論づくりも必要である）。

政府が専門家の議論を無視し、保護基準改定に関する過去のやり方を恣意的に変えて、経済学的に問題のある根拠をもとに削減を強行したことは、もはや完全に明らかになっている。裁判所が、そのことに目を背けなければ、必ずや勝訴判決が下されると考えている。

5　最後に

本章では、社会保障裁判には、行政の現場や行政システムそのものを変える可能性があること、また、社会保障裁判を通じた社会に対する問題提起により、様々な社会保障制度の前進が獲得できる可能性があること等から大きな意義があり、そのために弁護士がどのような取り組みをしているのかについて述べてきた。他方で、社会保障裁判や裁判を通じた取り組みにも、立場を超えた連帯の難しさや、人びとの社会保障の権利意識に変化をもたらす運動の困難さ等、様々な課題が残されていることもあわせて述べてきた。

その課題を乗り越えるための実践も、試行錯誤が続いている状況と言わざるを得ず、これといった効果的な手法があるというわけではない。とりわけ、コロナ渦のなかで、人びとの物理的接触が困難になる時代を迎えつつあるなかで、人びとが連帯する方法はこれからさらに模索が続くことになると思われる。

しかし、どんなにテクノロジーが発展し、どのような手法が編み出されたとしても、人びとの心に最も響くのは、やはり「当事者の声」以外にない。社会保障裁判も裁判外の運動でも、そのような「当事者の声」を、広く社会に広げていくことが最も重要なことであると思う。

第5章

「権利の実質化」に向けた政策形成訴訟の成果と限界
――浅田訴訟を事例に

孔 栄鍾

本章では、社会保障・社会福祉政策と訴訟（裁判）および訴訟運動の関係性を明らかにしつつ、「権利性の確保」と「権利の実質化」という観点から政策形成訴訟の成果と限界性について検討を試みる。この目的のために、障害者の自立をめぐる訴訟運動とそれに繋がる浅田訴訟を「政策形成訴訟」の観点から分析する。

1 はじめに

社会政策は、生活問題への対応あるいはその問題の解決を求める社会的要請について、政府がそれを政策対象として認識し、その対策を提示し執行する過程を通して形成される。このような政策形成過程は、民主主義のもとでは、一般的に市民の要請に応じて政策議題が設定されることで始まり、この過程を通じて作られた法制度によって市民の権利が守られる。しかしときには、政府独自の政治的な判断により政策が形成される場合もある。また、社会的要請が寄せられているにもかかわらず政府がこれを軽視することもあり、逆に政府独自の判断で進められている政策が市民の要請によって止められる場合もある。

いずれにしても、社会政策の形成・変更の際には、それを求める社会的要請を読み取ることが重要な課題となる。ところが、これまでの日本の政策形成過程では、行政と官僚、とくに首相を中心としたリーダーシップのもとで政策が形成されるシステムが強化されてきたと指摘されている（政策シンクタンクPHP総研 二〇一七：二七〜二八）。また、その結果、政府の政治的判断による官僚中心的な政策形成が主流となりつつあり、行政においては市民のニーズや意向などを把握するための新たな手法・チャンネルを開発しようとする努力が停滞してきているのである（鈴木 二〇一八）。

そうした指摘がなされる一方で、社会の変化とともに現れる新たな生活問題への対応を、社会的要請として貫徹させるための努力が継続してなされてきたのも事実である。生活問題を抱えている人びとが声を上げることで、それに対応する政策の形成・変更を実現させてきたのである。とくに、日本の障害者施策においては、「自然発生的に制定されたものではなく、いずれも障害当事者および関係者が直面している生活問題に対する社会運動を展開し、それをうけてその時々の政治状況に応じて政策主体が立法・制度化するという政治的力関係によって決着したもの」（田中 二〇一九：七三）であると評価されるほど、その成果を着実に積み重ねてきている。

ところで、こうした社会運動の一手段として展開されている「政策形成訴訟」と呼ばれる取り組みは、注目に値する。政策形成訴訟の概念については次節で詳述するが、端的には、裁判を介して、原告らの個別権利の救済のみならず、世論（社会規範）を動かし、政策の形成・変更を実現させることを目的として展開する訴訟・運動のことを言う。これらの訴訟は、原告（個人または集団）の利益を救済するという伝統的な訴訟の形を呈しているが、政策の形成・変更を通して個々人が持つ「権利の実質化」を実現するという積極的な権利保障運動の一つとしてとらえられる。

司法訴訟の場合、基本的に損害賠償請求、行政処分の取り消しなどが主たる訴訟内容になる。それに対し、政策形成訴訟では、単に賠償金を獲得することだけでなく、訴訟過程で世論を形成・変化させ、議会や政府の政策決定に圧力をかけることが、訴訟を起こす重要な目的となる。したがって、政策形成訴訟の訴訟過程では、裁判で勝つための戦略以外にも、訴訟外部で多数市民の参加を呼びかけ、市民社会の連帯を広げることが重要かつ大きな課題となる。

2　政策形成訴訟の概念と特性

（1）政策形成訴訟の概念とその特徴

今日、行政（事件）訴訟、国家損害賠償請求、憲法訴訟などを通して、被害者の救済だけでなく、

公益的な性格を持ちながら関連政策の形成や変更へ積極的に関与し、究極的には多数市民の権利を確保ならびに実現することを目的として展開される訴訟のことを、「公益訴訟」または「政策形成訴訟」と呼ぶ。これらの訴訟については、訴訟が活用される側面と社会的背景により、その概念が可変的・流動的であるため、単一の概念として定義するのは容易ではないとされている（김태호・김정환 二〇一七：二三五）。

日本においては、一九六〇年代以降、こうした特性をもつ訴訟群が現れ始めたと言われている。一九七一年六月のイタイイタイ病裁判をはじめ、同年九月の新潟水俣病裁判、一九七二年七月の四日市公害裁判、そして一九七三年三月の熊本水俣病裁判へと続く、いわゆる「四大公害裁判」がその代表的なものとして挙げられている。裁判では、関連法の形成につながる判決が出され、公害健康被害補償法（一九七四）の制定に結び付いたと評価されている。とくに、提訴を通して、被害者が声をあげることで、社会的に十分認識されてこなかった被害状況が社会問題として問われ、世間の注目が集まったのがその背景として注目されている（渡辺 二〇一九：二二七二～二二七三）。

それ以降、個別な法的争いの解決という伝統的な訴訟の機能以外に、政策の形成・変更という政策形成機能が一層強調されており、近年では「政策形成訴訟」という用語がよく登場するようになった。たとえば、『社会保障レボリューション：いのちの砦・社会保障裁判』（二〇一七）においては、「生存権闘争の源流」となった朝日訴訟（一九五七年提訴）をはじめ、堀木訴訟（一九七〇年提訴）、加藤訴訟（一九九〇年提訴）、老齢加算・母子加算廃止違憲訴訟（二〇〇〇年提訴）、障害学生無年金訴訟（二〇〇一年提訴)、障害者自立支援違憲訴訟(二〇〇八年提訴)、そして生活保護基準引き下げ違憲訴訟(二〇一四年提訴)と年金引き下げ違憲訴訟(二〇一五年提訴)につながる社会保障裁判が、「あるべき社会保障制度の実現を政府に求める営み」であって、「文字通り政策形成訴訟」であると説明されている。

このように、裁判を介して政策の形成・変更を迫るという、訴訟を起こす目的をさらに具現化した概念として、政策形成訴訟を位置づけることができる。

こうした政策形成訴訟は、政策の形成・変更を目的として事前計画のもとで提起されることもあり、朝日訴訟、堀木訴訟のように、個人の救済のために提起される問題が社会全体の生存権問題としてとらえられることで、政策形成・変更を求める政策形成訴訟として展開される場合もある。とくに、近年では、年金、医療、介護、福祉サービスまで、その分野が広がっており、子どもから高齢者、患者、障害のある人等にその対象も拡大しつつある。

いずれにしても、訴訟を通じて、「生活問題に対する下からの要請」を社会的要請として貫徹させ、政策形成・変更を迫るという、その点こそ、まさに政策形成訴訟が持つ重要な特徴がある。

(2) 政策形成訴訟の機能と役割

政策形成訴訟は、一般的に、①個人・集団の被害の救済、②社会的弱者の権利保護、③社会政策の形成・変更といった機能を持つ(김태호・김정환 二〇一七:三八~三九)。すなわち、個別的な法的紛争を解決するという「紛争解決機能」に加え、国の政策に対する是非を問い、新しい政策を形成・変

更させるという「政策形成機能」を通して、市民の権利を具現化するという「権利実現機能」を持つのが、伝統的な訴訟と区別される政策形成訴訟の大きな特徴であるといえる。

なかでも、政策形成訴訟のもっとも重要な機能は、訴訟提起や訴訟過程自体が「司法の応答性を確保し支える法理として機能」しているところにある。社会の変化が著しい現代において、社会的要請に司法が応答する必要性はますます高まっている。とくに、政策形成訴訟への対応については、司法制度改革期以降、司法の役割強化を求める議論の後押しも受け、一部活性化してきたとも評価されている（渡辺 二〇一九：二三七二）。しかしながら、「裁判所、特に最高裁判所の判決は社会的な規範に大きく左右される」（第四章：喜田論文）と指摘されるように、個人あるいは集団が提起する問題を社会的要請として貫徹させることは、きわめて重要かつ難しい課題でもある。

そのため、政策形成訴訟では、訴訟提起・訴訟過程において市民の理解と参加を呼びかけ、抽象的な世論を具現化し、問題解決を求める原告らの声を社会的要請として貫徹させる取り組みが不可欠となる。また、裁判所がそこから社会規範の変化を読み取り、判断の根拠とするよう働きかけるのが、裁判の勝敗を左右するカギとなる。なお、司法の判断を基礎とし、政府へのさらなる働きかけを重ねつつ、事実上の政策の形成・変更を実現させることで、市民が持つ権利の実質化を図るという重要な機能を果たしているのが、政策形成訴訟である。

以上の議論をふまえて、政策形成訴訟が社会に及ぼす影響を図式化すると、次頁のとおりになる。

生活問題を抱えている当事者（個人・集団）が声をあげることで、問題の状況を明らかにし、提訴

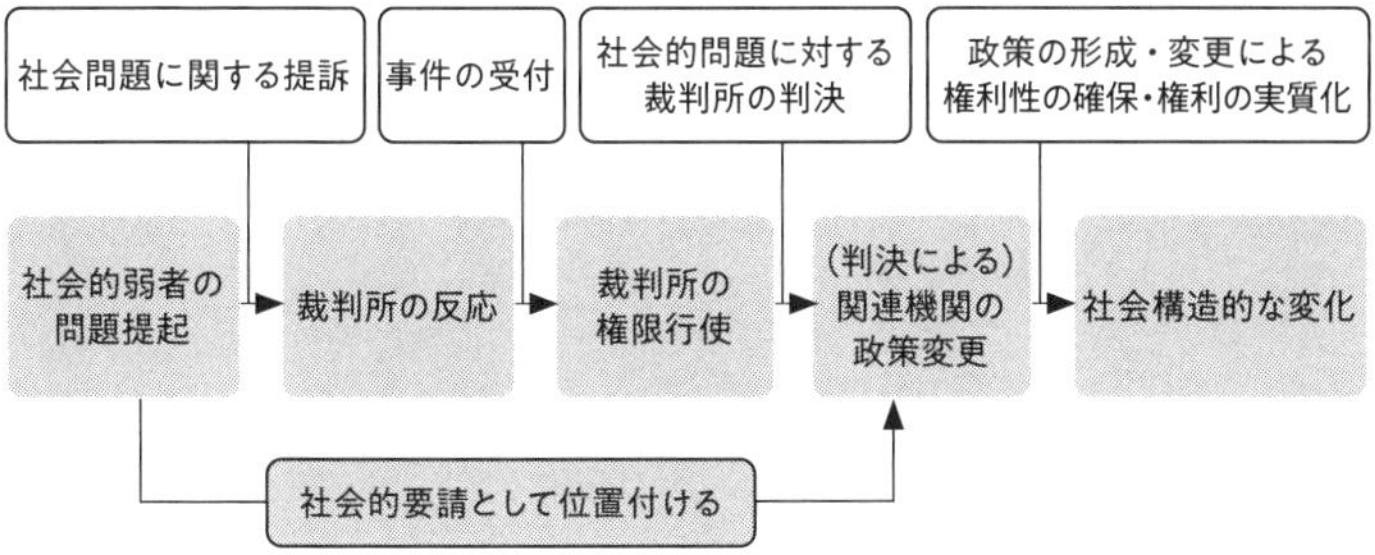

（出典：김태호・김정환 2017：41、［図1］を一部修正）

政策形成訴訟が社会に及ぼす影響

を介して問題改善への司法と政府に対応を求める。訴訟過程では、世論の形成と市民の連帯の強化を推進しつつ、当事者の声を社会的要請として貫徹させ、司法と政府の対応に圧力をかける。こうした過程を通じて、政策の形成・変更という目的を達成し、究極的には、社会的弱者の権利保障はもちろん、市民の権利性の確保と権利の実質化のための社会構造的な変化を図る。

3　政策形成訴訟としての浅田訴訟

ここで、本書第4章における喜田論文を引用したい。

> 社会保障に関する裁判の多くは、いわゆる行政訴訟に分類され、……〈略〉……原告側は、行政裁量を逸脱した、ないし濫用したなどといった事情を主張・立証しなければならないのだが、裁判所がなかなかこの判断をしない。また、……〈略〉……国側が自己に不利な証拠など出すはずもなく、行政内部の

十分な情報が得られない場合も多く、裁量を逸脱・濫用した事情を立証することは未だに大きなハードルである。

こうしたなか、行政訴訟において、国側が適切な証拠を出さない状況でも、原告側が行政裁量を逸脱・濫用した事実を主張・立証し、裁判所がこれを認める判決を出した最近の判例がある。いわゆる「浅田訴訟」と呼ばれるこの訴訟は、個人（障害当事者）の被害の救済だけでなく、現行の障害者福祉政策（障害者総合支援法）の問題とその実態を明らかにし、政策の形成・変更を要請する障害者運動として展開され、訴訟の過程では事実上の新たな政策形成という大きな成果をなした。

本節では、政策形成訴訟の特徴を持つ浅田訴訟の背景と展開過程、判決などを振り返り、政策形成訴訟の観点から浅田訴訟の意義について考察してみる。

（1）浅田訴訟の背景——障害者自立支援法の制定——

二〇〇六年に施行された障害者自立支援法の制定は、一九七〇年代の自立生活運動以降の全国規模となる障害者運動の始発点となった。現行の障害者総合支援制度の前身である障害者自立支援法をめぐっては、法成立前から障害当事者やその家族、関係者からの批判の声が強まっていた。当事者や関係者からの反対が強かった政策を、政府はなぜ無理やりに成立させたのだろうか。二〇〇五年の介護保険法の改正を控えて浮上した介護保険制度と障害者福祉制度との統合論が、その主要な背景として挙げられる。

二〇〇〇年四月に施行された介護保険制度は、福祉サービスの保険化および市場化という社会福祉政策における構造転換の実物として象徴される。介護保険制度の制定への議論が進められた一九九〇年代は、バブル経済の崩壊により経済不況が再び寄せられたことを契機に、福祉に対する公的責任の回避ならびに公費支出の抑制を主眼とした社会福祉基礎構造改革が本格的に推進され始めた時期であった。

障害者福祉政策も例外ではなかった。介護保険法が創設される際には、障害者福祉制度においても抜本的な改革が求められていたのである。そして、二〇〇三年四月に支援費制度が導入されることで、障害者福祉政策は、在宅サービスを中心とした福祉の拡充という政策発展とともに、福祉抑制的な仕組みの導入という政策後退を同時に経験する大きな転換期を迎えることとなった(孔 二〇二〇:二一)。

既存の障害者福祉制度と支援費制度とのもっとも大きな違いは、サービス利用と給付の制度化、つまり契約制度への転換であった。これにより、障害者福祉制度においても介護保険制度と同様の仕組みが設けられた。だが、その財政については、社会保険方式ではなく、公費負担(税)方式を採用しており、また利用者負担においても従来の応能負担がそのまま維持されていた。

しかし、サービス利用者の急増は予想をはるかに上回り、政府に大きな財政的負担をかけていた。これを背景に、厚生労働省では二〇〇五年の介護保険法の改正を控えて、介護保険制度と障害者福祉制度との統合論が浮上した。障害者福祉制度を給付と負担が連動している介護保険制度に統合させることで、受給抑制効果が期待できるためであった（荻原 二〇一五：一九六）。また、当時は介護保険制度の財政の安定化が大きな政策課題となっていたため、介護保険の被保険者の対象年齢を二〇歳までに下げようとする計画が構想されていた。統合論は、それを実現する一つの有効な手段であった。介護保険制度と障害者福祉制度を統合することで、年齢に関係なく誰もが障害を受ける可能性があるとし、被保険者の対象年齢を下げることとの合理化を図ろうとしていたのであった（孔 二〇二〇：二二）。

この構想は、障害当事者やその家族だけでなく、保険料の事業主負担の拡大を回避したい経済界からの強い反発をうけ、議論を延期するかたちではあったが、実現されることはなかった。しかし、その代替物として、二〇〇五年一〇月に障害者自立支援法が成立された。障害者自立支援法では、財政においては税方式を採用しながらも、障害当事者やその家族が強力に反発してきた応益負担が導入された。さらに、障害程度区分によるサービス支給量の決定方式や、施設サービスにおける食費等居住費を原則とし利用者の負担とし利用者負担上限額を導入するなど、今後の介護保険制度との統合を念頭に置いた制度の仕組みが設けられた（孔 二〇二〇：二二）。

（2）障害者自立支援法違憲訴訟とその後

障害者自立支援法の成立後、「自立支援法は制度設計の基本に問題があり、一部の手直しで解決するものではない」との声が広がり、二〇〇八年には、全国一四地裁七一人の当事者らが、障害を理由として応益負担の強要は生存権や幸福追求権の侵害であり憲法に違反すると、訴訟を提起した（塩

見 二〇一九：九五）。障害当事者と関係者は、提訴を通して障害者自立支援法の廃止を主張しながら、障害者の状況とニーズに合った障害者福祉制度の新設を政府に求めた。まさに、政策形成訴訟の展開であった。そして、二〇〇九年八月の総選挙で、障害者自立支援法の廃止と新法制定を公約に掲げた民主党に政権が変わり、原告団と弁護団と国（厚生労働省）の間に劇的な合意を成すことになった。これにより、二〇一〇年一月に「基本合意文書」が作成された。

この文書には、障害者自立支援法の廃止と新たな障害者福祉制度の制定に関する内容などが盛り込まれた。具体的には、まず新制度では利用者負担を既存の応能負担に戻すことが掲げられた。そして、もう一つの重要な論点として掲げられたのが、障害者自立支援法第七条、いわゆる「介護保険優先原則」の廃止であった。支援法第七条では、「介護保険法の介護給付から障害者自立支援法の自立支援給付に相当するサービスを受け、または利用できるときには自立支援給付を行わない」としている。この規定により、六五歳（あるいは四〇歳以上六五歳未満であって特定疾病に該当する場合）を迎えた障害者は、基本的には介護保険制度の対象となり、介護保険法による介護サービスが優先適用されることになるためであった。

基本合意後、障害者自立支援法に代わる新たな法制度の検討が進められ、二〇一二年三月に「二〇一二年整備法案」が第一八〇回国会（常会）に提出された。二〇一二年整備法案は衆議院において一部の修正がなされた後、同年六月に参議院において可決・成立し、同月二七日に公布された。そして、この法律により、二〇一三年四月一日から既存の障害者自立支援法が障害者総合支援法に改められた。

しかしながら、障害者総合支援法の制定により問題の発端となった応益負担は事実上に廃止されたものの[(1)]、介護保険優先原則を規定する第七条はそのまま残された。

（3）障害者総合支援法第七条をめぐる問題

支援法第七条の規定により、在宅サービスを必要とする六五歳以上の障害者には、原則として介護保険による給付が優先されることは、前述のとおりである。そのため、六五歳を迎える障害者は、応能負担の障害者福祉制度から応益負担を採用している介護保険制度への移行にともない、過重な自己負担が課せられ、必要なサービス量を確保できないか、それを確保するために他の生活費を削ることで日常生活が維持できなくなる実態が顕著となっている（孔 二〇二〇：三七〜四二）。

この問題に対して厚生労働省は、通知や事務連絡を各自治体に発信し、介護保険優先原則にもとづく一律的なサービスの移行ではなく、障害者の状況やニーズに応じた適切な判断のもとでサービスの支給決定を行うよう勧告している。

しかし、このような厚生労働省の措置は、法的拘束力を持たない技術的な助言に過ぎず、むしろ介護保険制度の対象となる障害者に障害福祉サービスを支給する場合は、国庫負担基準額を減額する仕組みを設けるなど、自治体の適切な判断を制限し、介護保険を優先するように誘導しているのが現実である。

実際に、各自治体においては戸惑いの声が出されている。厚生労働省が二〇一五年に実施した実態調査では、介護保険制度と障害者福祉制度との適用関係に関する「自治体からの主な意見」として、「介護保険移行に伴う利用者負担の発生及び増大が理解を得にくい」、「介護保険との併給について国が一定の指針や明確な基準を示してほしい」との意見が全体の約七割を占めているのである。

厚生労働省は、実態調査の結果をうけ、二〇一五年二月一八日付に「障害者の日常生活及び社会生活を総合的に支援するための法律に基づく自立支援給付と介護保険制度の適用関係等に係る留意事項等について」と題する事務連絡を各自治体に発信した。だが、実態調査に対する具体的な対応については言及しておらず、再び自治体への「適切な判断」と「適切な運用」を求める内容のみが繰り返されている。

(4) 浅田訴訟の展開

浅田達雄氏(以下、「浅田さん」と記す)は、身体障害者手帳一級所持者で、岡山市から障害者総合支援制度の障害支援区分六の認定を受け、重度訪問介護サービス(居宅介護として月二二三時間、移動介護として二六時間、計月二四九時間)を利用しながら自立生活を営んでいた。また、市民税非課税世帯であったため、サービスを無償で利用していた。しかし、浅田さんが六五歳の誕生日をむかえる数ヶ月前に、ヘルパーから、「六五歳になると介護保険制度が優先となり、サービス利用の際には一割の自己負担がかかる」との話を聞かされた。

浅田さんは、「障害者の生活と権利を守る岡山県連絡協議会」の協力を受け、従前どおりに障害者福祉制度から介護給付を受けられるよう、岡山市の担当者と交渉を重ねた。しかし、岡山市の担当者は、従前の重度訪問介護と同等の介護給付を受けるためには、介護保険を申請したうえで、一割の自己負担を支払う必要があるとしたという。

それでも、多額の自己負担分を支払うことができないこと、障害者福祉制度と介護保険制度とは目的が異なることなどを理由に、介護保険制度ではなく、従前の障害者福祉制度にもとづく給付を継続するよう求めた。ところが、岡山市は、浅田さんが介護保険を申請せず、支給要件を満たしていないとし、浅田さんが六五歳を迎えた二〇一三年二月一四日に、支給していた自立支援給付をすべて打ち切る介護給付費不支給決定処分（以下、「不支給決定」と記す）を行った。

浅田さんを支援する一八箇所の民間団体と関係者二人は、不支給決定に抗議する文書を岡山市に提出し、「浅田達雄さんを支援する会」（以下、「支援会」と記す）を結成して訴訟を予告したが、岡山市の不支給決定はそのまま維持された。不支給決定の後、浅田さんはやむをえなく介護保険の申請を行った。同時に、岡山市の不支給決定の取り消しを求める審査請求を岡山県知事宛に申し立てた。

ところが、岡山県は裁決書を出し、審査請求の棄却を決定した。この判断を到底受け入れられなかった浅田さんと支援会は、岡山市の不支給決定が生存権の侵害に該当するとし、処分の取り消しと損害賠償を求める裁判を起こした。

4　政策形成訴訟としての浅田訴訟の意義

（1）浅田訴訟の判決

浅田訴訟の第一審は、二〇一三年一一月二七日の第一回口頭弁論をはじめとして、二一回の口頭弁論、約四年半にわたる訴訟過程を経て、二〇一八年三月一四日に岡山地裁にて判決が言い渡された。第一審の判決では、岡山市の不支給決定が「自立支援法第七条の解釈・適用を誤った違法なもの」であって、「裁量の逸脱・濫用」に該当するとし、岡山市に①不支給決定の取り消し、②障害福祉サービス支給の義務づけ、③慰謝料等の支払いが命じられた。原告の全面的勝訴であった。岡山市は「支援法第七条の解釈について地裁判決と市の見解が異なる」ことを理由に控訴したが、広島高裁岡山支部は、二〇一八年一二月一三日に開かれた裁判で、岡山市の控訴を棄却する判決を出し、約五年余りの長い法廷闘争に終止符を打った。

（2）浅田訴訟の意義

浅田訴訟を政策形成訴訟としてとらえる際に、次に取り上げる二つの観点から大きな意義を持つ。

まず第一は、言うまでもなく、裁判で勝訴したことである。とくに、裁判所が取り上げた判決の理由のなかには、注目に値する発言が多く含まれていた。たとえば、岡山市の不支給決定が「社会通念に照らしてみても、合理性を欠けている行政裁量の逸脱・濫用に該当する」という司法の判断は、千葉市の天海訴訟など現在進行中の関連訴訟に大きく影響することが期待できる。また、その判断要素として、障害者自立支援法違憲訴訟の経緯と支援法第七条の是正が問われた基本合意文書の趣旨を言及した点、厚生労働省が実施した実態調査の結果を取り上げた点なども、異例であったと評価されている。

裁判において重要な論点となっていた支援法第七条については、「介護保険優先を規定したものではなく、自立支援給付と介護保険給付等の二重給付を回避するための規定である」とした。この部分は、介護保険優先原則をめぐる論争に司法の見解を示したものとして評価できる。なお、「自立支援給付は、……〈略〉……障害者基本法の理念にのっとり、障害者などが自立した日常生活又は社会生活を営むことができるよう、必要な障害福祉サービスに係る給付などを行うものであるのに対し、介護保険給付は、加齢に伴って生じる……〈略〉……要介護状態となった者が、自立した日常生活を営むことができるよう、必要な保健医療サービス及び福祉サービスに係る給付を行うものである」と、自立支援給付と介護保険給付の性格が異なるとの見解を示した。このような司法の判断は、前述した介護保険制度と障害者福祉制度の統合論の推進に歯止めをかける根拠として活用されうる。

第二に、訴訟過程での取り組みである。訴訟過程では、議会や政治家の介入を図りつつ、市民ボランティアや市民団体を集結させ、個人の訴訟を障害者運動として展開させることで各種メディアの注目を集めた。つまり、浅田さん個人の訴えが、社会的要請として位置づけられたのである。これを可能にしたのは、障害当事者だけでなく、障害者六五歳問題に対する市民社会の「共感」が形成されたためであったと考えられる。

これは裁判所の判断に圧力をかける有効な取り組みとして作用されたと評価されている。また、このような取り組みは、厚生労働省の関連事項に対する実態調査を実施させ、現行制度の問題点を明らかにする役割としても機能した。これにより、政策アジェンダが形成され、新たな政策の形成という成果をなしたことは、まさに浅田訴訟が持つ政策形成訴訟としての重要な意義である。

訴訟過程中に行われた社会保障審議会（障害者部会）の「障害福祉サービスの在り方等に関する論点整理のためのワーキンググループ」において、「高齢の障害者に対する支援の在り方について」が主な論点として取り上げられていた。そしてその結果、介護保険優先原則をめぐる問題への対策として、二〇一八年四月から「共生型サービス」[2]と「高額障害福祉サービス等給付費」[3]などの制度が新設された。これで介護保険優先原則をめぐる問題がすべて解決されたわけではないが、訴訟を通して政策の形成・変更を現実化させた事実は、政策形成訴訟の観点から大きな意義を持つ。

このように、浅田訴訟を通じて、現行障害者福祉政策の問題と課題が明らかとなり、またその法制度にもとづく行政の不合理な対応を司法が認めた判例を残したことは、次につながる運動の方向性を提示した点で、その意義は大きい。

5　政策形成訴訟の成果と限界

（1）権利の実質化と政策形成訴訟の成果

日本国憲法第九七条には、「憲法が日本国民に保障する基本的人権は、人類の多年にわたる自由獲得の努力の成果」であると明記している。つまり、過去の社会運動の究極の目的は、人間の基本的な「自由の権利化」のための闘いであった。その基本的な人権の保障を中心とした自由権的基本権の確保が、戦後の国のもっとも大きな政策課題として位置づけられた。なかでも、社会保障、社会福祉など社会政策は、憲法が定める健康で文化的な生活を営む国民の権利の確保ならびにその権利を実質化するための重要な役割を果たしてきている。

だが、朝日訴訟に代表されるように、社会政策が形成されればそれで権利が確保されるわけではない。社会保障を国民の権利とし、その「権利性の確保」と「権利の実質化」のために作られたはずの生活保護、年金制度、福祉サービスなど社会保障・社会福祉政策は、その機能を発揮せずに、単なるプロクラムにとどまっていたのが現実であった。

朝日訴訟は、そのような当時の社会保障・社会福祉の問題、とりわけ貧困問題を明らかにし、日本社会においての「人間らしい生活」、「健康で文化的な生活」の意味を問い、国民の関心を呼び起こした。この朝日訴訟をきっかけに、生活保護基準の大幅な引き上げが進められ、生存権の制度的保障が具現化されたといえる。また、その理念と運動を引き継いだ堀木訴訟やその後の社会保障・社会福祉にかかわる訴訟は、それに対応する政策の推進に一定の成果をなした。

社会保障裁判と呼ばれるこれらの政策形成訴訟は、まさに、生存権の確保のための新たな闘いであった。そして、その精神を継承した当事者、法律家、研究者、支援者などにより、様々な場面で多数市民の「共感」のもとで、あるべき社会保障・社会福祉政策の実現を求める市民運動として展開されてきた。

浅田訴訟、生活保護引き下げ違憲訴訟、年金引き下げ違憲訴訟など、近年の政策形成訴訟では、新たな政策形成への要請というよりは、既存の法制度の是正ないし改悪を止めるための政策改革運動として展開されるという特徴がみてとれる。政策の形成による生存権の確保から、政策の変更・拡大を通した生存権保障の実質化という政策改革への方向に、その軸が移動されているのである。つまり、人びとがもつ基本的な自由・権利の確保を訴えてきた社会運動は、権利の実質化のための政策改革運動に具体化している。

とくに、社会福祉分野の観点から見ると、これらの社会運動は、国民の社会保障・社会福祉受給権に対する実定法上の具体的な権利性の確保とともに、これに関連する予算の確保を憲法的、制度的に実質化させるという具体的な目標と接している（이찬진 二〇〇四）。その実践的課題を市民社会の連帯を通じて政策的に実現するための有効な手段の一つとして政策形成訴訟が活用されているのである。

これらの政策形成訴訟は、関連問題の当事者集団および弁護士団を組織することから、地域社会の理解を得るためのプロセスが不可欠であり、多くの費用や時間を必要とする長く苦しい闘いになるケースが多い。しかし、このような努力の結果、裁判で勝訴し、一つの有効な判例を作っておけば、これが先例となって今後の類似する闘いにおいて、交渉力を大幅に向上できるところに大きな意義がある。また、もし裁判で敗訴したとしても、地域社会に問題の本質を知らせることで世論を動かし、これを契機に関連問題に対する政府の対応を要請する社会運動として展開していくことも期待できる。

(2) 政策形成訴訟の限界

市民の権利が法制度により確保されつつある現状を考えると、市民社会との連帯を通した問題解決への集団的な取り組みの必要性は、社会保障・社会福祉への権利の実現という観点から、さらに切実に要求されている。それゆえに、個々人の権利の救済にとどまらず、市民社会の共感のもとで、訴訟というより具体的で積極的な社会運動として多数市民の権利の実質化を図る点で、政策形成訴訟が持つ意義は明確である。

しかしながら、国の政策や自治体の福祉行政分野、とくに公共扶助、社会保険などにかかわる政策形成訴訟は、その性格上、長期化することが一般的であって、当事者が投入する精神的・物質的な機会費用も大きいため、当事者が訴訟を放棄する事例も多い。また、政策形成訴訟は、あくまでも法制度的枠のなかで定義されるという限界を持っている点に留意する必要がある。裁判で敗訴すると、原告はもちろん関係者にも多大な影響を及ぼすことが予想できる。裁判で勝訴したとして、必ずしも政策の形成・変更につながるわけでもない。なお、それら訴訟の多くは散発的に行われているため、判決後には特定の個別訴訟として扱われ、世間の関心から遠ざかっていくことも少なくない。

本章で取り上げた浅田訴訟においても、個別訴訟の持つ限界が如実に表れている。浅田訴訟原告弁護団は、浅田訴訟の成果と課題として、関連問題に対する自治体レベルでの対応は期待できるものの、国レベルでの改善を求めるための根拠が非常に弱いのが現実であると評価している。

「障害者の生活と権利を守る全国連絡協議会」は、浅田訴訟の判決後、介護保険優先原則の運用をめぐって厚生労働省と懇談を行った。その場で厚生労働省の関係者は、浅田訴訟の判決について「個々のケースなので見解を示せない」としながら、自立支援給付と介護保険給付との関係については「国の給付は自助・共助・公助が基本であり、それによりサービス利用者の生活が劇的に変化することがないように自治体に求めている」との発言を繰り返したという(4)。言い換えれば、それで今までの政策構造が変わるわけでもなく、国としては従前どおりに自治体の「適切な判断」を求めつつ、公的な責任から逃れようとしているのであろう。

このように、浅田訴訟は、個々の被害の救済にとどまらず、一部ではあるが、関連政策の形成・変更に影響を与えたことは大きな成果として評価できるものの、政策構造自体の変化を実現させることについて、限界性も同時に看取できるのである。

権利の実質化に向けた政策形成訴訟は、こうした根本的な限界を持っており、そのため、それ自体を社会構造の変革をめざす独立した社会運動としてとらえることは困難である。政策形成訴訟は、政策形成ないし政策変更への道を開くための段階的な取り組みであって、その過程において市民社会の連帯を呼びかけるための一つの手段として位置づけることが重要であると考える。

6 まとめ

これまで見てきたように、社会保障・社会福祉などをめぐる社会保障裁判は、政策形成訴訟とも呼ばれており、実質上の政策の形成・変更を目標として展開されている。とはいえ、これらの訴訟が果たしている重要な機能は、その過程において、訴訟外部に存在する多数市民の参加を呼びかけ市民社会の連帯を強化し、社会構造的な変革のための社会運動として拡大していくことにある。

こうした政策形成訴訟については、政治界、学界、民間団体、さらに一般市民からも大きな関心が集まっている。訴訟過程で、あまり世間に知られていない問題状況が明らかとなることもあり、またそれらの問題に対する市民の声を読み取ることができるチャンネルとしても機能しているためである。

現在日本で進められている新自由主義的な社会保障・社会福祉改革は、当事者や関係者だけでなく、多数市民にもさらなる生活問題をもたらす恐れがある（伊藤 二〇〇二：三三）。そのため、一人でも多くの市民に現状を正しく知らせ、多数市民の共感と連帯のもとで運動の広がりを図り、憲法が定める基本的な権利の実質化を争点化していく取り組みは不可欠である。

こうした意味で、政策形成訴訟は、社会政策にかかわる法的枠のなかで定義されるとの限界を持つものの、訴訟にかかわる当事者や法律家をはじめ、活動家、専門家、研究者などが有機的に連携し現状を明らかにすることで、市民社会の共感と連帯のもとで当事者の小さな声を社会的要請として貫徹させ、政府の独断な政治的判断をけん制する重要な役割を果たしている。

【注】

(1) 政府は、市町村民税非課税世帯の負担上限額をゼロにしたことで、応能負担に戻したと説明しているが、課税世帯への一割負担は残されているため、実際には応益負担の仕組みが維持されているとの指摘もある。

(2)「共生型サービス」とは、介護保険法または障害者総合支援法のいずれかの指定を受けている事業所が、もう一方の制度の指定を受ける際に、指定基準を緩和するものである。この仕組みを利用することで、障害福祉サービス事業所が介護保険サービス事業所の指定を受けやすくなり、六五歳以上の利用者が介護保険に移行されても、引き続き同じ事業所でサービスが受けられるようになることが期待される。しかし、異なる制度からサービスを利用することに変わりはないとの指摘もある。介護保険制度と障害者福祉制度においては、就労や社会活動の支援を要する障害者、医療・介護の支援が必要な高齢者など、それぞれの対象の特徴やニーズが異なる。このような各対象に対して、同じ事業所でサービスを提供する場合には、それぞれの目的を達成できる福祉専門職の役割が重要であり、その人材確保が大きな課題となる（孔 二〇二〇：八一〜八二）。

（3）「高額障害福祉サービス等給付費」は、六五歳になった障害者が介護保険サービスを利用する場合、低所得者の利用者負担が新たに発生する問題への対策として、一定の高齢障害者に対し介護保険サービスの利用者負担を軽減（償還）する仕組みである。しかし、その対象要件に「六五歳に達する前日までの五年間にわたって、相当障害福祉サービスのいずれかの支給決定を受けていること」という期間を規定しているため、対象から排除される障害者が多く存在している。逆にこの要件のため、本来サービスを必要としない障害者が早くから障害福祉サービスを利用しようとするといった矛盾が引き起こされる可能性も指摘されている（孔 二〇二〇：八〇〜八一）。

（4）障全協新聞「総合支援法第七条は二重給付を回避するためのもの！浅田訴訟の成果を制度改善に！——障全協、介護保険優先原則問題で厚生労働省と懇談」No.500（二〇一九年二月一五日）。

参考文献

〈日本語文献〉

伊藤周平（二〇〇九）「社会保障改革と高齢者・障害者の権利保障：改正介護保険法と障害者自立支援法の問題を中心に（特集 社会保障改革の政治経済学——社会政策学会第一一五回大会共通論題）」『社会政策』一巻二号、二一一〜二三二頁。

井上英夫・藤原精吾・鈴木勉・井上義治・井口克郎（二〇一七）『社会保障レボリューション：いのちの砦・社会保障裁判』高菅出版。

岡山地方裁判所第二民事部「平成二五年行ウ第一六号行政処分取消等請求事件判決」（二〇一八年三月一四日判決言渡）。

荻原康一（二〇一五）「介護保険優先原則をめぐる近年の動向と政策課題：運動の生起と自治体運用の問題を中心に」『立命館産業社会論集』五一巻一号、一九三～二一三頁。

加藤高志（二〇〇九）「公益訴訟（政策形成訴訟）としての薬害肝炎訴訟」『ノモス』二五号、一～二二頁。

厚生労働省「障害者自立支援法違憲訴訟原告団弁護団と国（厚生労働省）との基本合意文書」（二〇一〇年一月七日）。

孔栄鍾（二〇二〇）『介護保険制度と障害者福祉制度の「制度間調整」に関する研究：介護保険優先原則をめぐる「浅田訴訟」を手掛かりに』佛教大学大学院社会福祉学研究科博士学位請求論文。

塩見洋介（二〇一九）「障害者総合支援法の概要と生活問題」鈴木勉・田中智子編著『新・現代障害者福祉論』法律文化社、八九～一〇五頁。

鈴木崇弘（二〇一八）「日本における政策形成過程をより民主主義的にしていくためのいくつかの提言」SYNODOS公共政策（二〇一八年一一月一九日〈https://synodos.jp/politics/22238〉最終アクセス二〇二〇年五月二九日）。

政策シンクタンクPHP総研（報告書責任者：永久寿夫）（二〇一七）『《検証報告書》「日本国」の経営診断――バブル崩壊以降の政治・行政改革の成果を解剖する――』株式会社PHP研究所。

田中智子（二〇一九）「日本における戦後の障害者運動と障害者施策の展開」鈴木勉・田中智子編著『新・現代障害者福祉論』法律文化社、七三〜八八頁。

広島高等裁判所岡山支部第二部「平成三〇年（行コ）第七号行政処分取消等請求控訴事件判決」（二〇一八年一二月一三日判決言渡）。

渡辺千原（二〇一九）「訴訟による政策形成と法形成：社会変化の読み込みとその評価のあり方」『立命館法学』三八七・三八八号、二三六九〜二四〇二頁。


〈韓国語文献〉

김태호・김정환（二〇一七）『공익소송 제도의 현황과 개선방안』대법원사법정책연구원연구총서 二〇一六・二〇。

이찬진（二〇〇四）「（심층분석：사회복지운동과 참여연대 사회복지위원회4）사회복지에 있어서의 공익소송운동의 성과와 과제」복지동향（二〇〇四年一〇月一〇日〈http://www.peoplepower21.org/Welfare/655787〉最終アクセス二〇二〇年六月一四日）。

第3部

社会構造を問う
社会運動の必要性

——反差別・反貧困の社会運動、資本主義批判——

第6章

沖縄における「基地問題」「貧困問題」の一体的取り組みの必要性

安里長従

この章で私は、①沖縄の基地問題も貧困問題も権力関係という社会構造のなかで生み出されていること、②沖縄では社会構造にアプローチしない文化論にもとづく啓蒙・啓発が溢れており、これらが自己責任論を強化させるどころか害悪として機能していること、③沖縄と本土の自由の不平等という権力構造のなかで、沖縄の基地問題と貧困問題が生み出されている側面を認識し、これらを一体のものとしてとらえることが必要であること、④そのうえで、シティズンシップを求めるアイデンティティ・ポリティクス(1)という価値規範により自由と自己決定の保障を獲得するための社会運動が重要であることを述べる。

1 はじめに

私が沖縄の基地問題と貧困問題に取り組んでいるのは、司法書士として多重債務問題にかかわったことが大きく影響している。

私が司法書士になった二〇〇二年当時、多重債務問題は全国的に深刻な社会問題となっていたにもかかわらず、社会には「借りた方が悪い」という自己責任論が蔓延していた。とくに沖縄では、沖縄の社会文化や県民性が沖縄の多重債務問題を深刻にしているという言説が多かった。しかし、この問題が生じる本質は、利息制限法という民事上の上限利率（年一五〜二〇％）と出資法という刑罰を課す上限利率（年二九・二％）の間に、民事上は無効だが刑事上は罰せられないといういわゆるグレーゾーンが生じていたことにより、多くの貸金業者がグレーゾーンで貸付を行い、「高金利で借りることを強制されている（借主の自由（自己決定）が奪われている）」という構造的な問題であった。私は、なぜ法律家に相談した人だけが、利息制限法による金利の引き直し計算による債務の減縮という恩恵に与れるのだろうか、グレーゾーンという社会構造を放置したまま、金融経済教育や消費者教育、倹約の奨励などの啓蒙や啓発を行っても、多重債務問題は解決しないどころか、害悪として機能するだけではないかという疑問を感じ、自治体への陳情・請願活動や国会への要請行動など全国的な運動となった貸金業法改正に取り組んだ。二〇〇六年貸金業法の改正によりグレーゾーンは撤廃され、これにより多重債務の問題はある程度収束に向かったが、その背景にある貧困の問題に突き当たった。全国の貧困をめぐる議論に参加しながら、私はある種の違和感、つまり沖縄の深刻な貧困の問題は、沖縄の基地問題を避けては説明ができないのではないか、それが「本土－沖縄」という権力構造のなかで生み出されている側面があるのにもかかわらず、これに向き合わない様々な言説により沖縄は分断されているのではないかという思い、そして沖縄の人たちの怒りの背景にある理性的基礎を言語化したいという思いが日に日に強くなった。現在、私なりに、沖縄の基地問題・貧困問題に取り組んでいるが、これらに取り組む理由はすべての人の自由と自己決定の保障である。

2　現状と課題に関する整理

沖縄の基地問題や貧困問題を考える際、沖縄がおかれてきた歴史的背景という視点は欠くことができない。沖縄はかつて琉球という独立した国家であったこと。一六〇九年の薩摩侵攻、一八七九年の琉球併合、一九四五年の本土防衛のための捨て石と位置づけられた沖縄戦、一九五二年サンフランシスコ講和条約と日米安保条約の発効により日本は主権を回復する一方、沖縄は米軍の施政権下に切り離され、その後、国連の信託統治にすらおかれず、日米安保条約も日本国憲法も及ばない二七年間のアメリカ統治、これらは歴史的につくられてきた構造を語るうえで重要であるが、詳細な議論は私が責任者として編集した『沖縄発　新しい提案　辺野古新基地を止める民主主義の実践』(二〇一八年、ボーダーインク)を参照してほしい。

(1)　沖縄の基地の現状

現在、国土の〇・六%しかない沖縄に、米軍専用施設面積の七〇%以上が集中している。講和条約発効当時、日本「本土」と沖縄との基地面積の比率は九対一で「本土」の方が圧倒していた。しかし、普天間基地の海兵隊もふくめ、一九五〇年代半ばから後半にかけて、各地で米軍基地への反対運動が激化し、それが反米運動に繋がることを日米両政府が懸念したことを背景として、本土の米軍基地は米国の施政権下にあった沖縄に移されていった。

米軍による事件・事故は今もなお日常のように繰り返されている。講和条約とともに発効した日米地位協定は基本的に日本の法令が適用されず、日本側の権利が著しく制限されているが、半世紀以上を経ても一度も改定されていない。そして普天間基地の移設先と称して、同じ沖縄の辺野古の海を埋め立てる米軍基地建設が強行されている。

宮古島・石垣島では、対中戦略の名のもとに第一列島線にある琉球列島を最前線として中国を封じ込める南西シフトという自衛隊の施設配備が急速に進んでいる。その本質は、オフショア・コントロールという海洋限定戦争を前提としたもので、琉球列島を再び捨て石にする戦略であると指摘されている（小西 二〇一六：一〇八）。

（2）沖縄の貧困の現状

沖縄県が二〇一五年に実施した、沖縄における子どもの相対的貧困率は二九・九％（全国平均一六・三％）[2]、山形大学戸室健作准教授が生活保護基準未満の世帯の割合を推計した二〇一二年の沖縄の貧困率は三四・八％（全国平均一八・三％）、子育て世帯の貧困率は三七・五％（全国平均一三・八％）、ワーキングプア率は二五・九％（全国平均九・七％）といずれも全国一高い（小室 二〇一六）。高校・大学への進学率も全国で最も低く（国立教育政策研究所「平成二七年平成二七年度全国学力・学習状況調査」）、離婚率が全国一高く、ひとり親世帯、とくに母子世帯の貧困が深刻であり、子どもを取り巻く状況やその影響が懸念されている（総務省統計局「統計でみる都道府県のすがた二〇一六」）。非正規率は四三・一％と全国一高い（総務省「平成二九年就職構造基本調査」（非正規雇用率））。県民所得も全国一低いだけでなく（内閣府「平成二七年度県民経済計算」（県民所得・産業構造））、産業構造も第三次産業の割合が東京に次いで高く、建設業と観光をはじめとするサービス業に偏重したいびつな産業構造である（内閣府「平成二七年度県民経済計算」（県民所得・産業構造））。

（3）沖縄の基地の課題

これまでも沖縄では、県知事選挙や国政選挙などで辺野古新基地建設反対の候補が勝利してきたが、政府や司法は、複数の争点を問う選挙だけでは沖縄の民意は明らかとはいえないと述べてきた。そこで私が副代表を務めた市民団体「『辺野古』県民投票の会」では地方自治法七四条にもとづきシングル・イシューにより沖縄県民の民意を問う県民投票条例の制定を求めた。二〇一八年五月二三日から二ヵ月の署名期間で法定署名数である有権者の五〇分の一以上を大きく超える一〇万九七九筆が集まり、紆余曲折もあったが二〇一九年二月二四日辺野古新基地建設にともなう埋立ての賛否を問う県民投票が実施された。その結果、投票率五二・四八％、投票総数の七一・七四％が反対の意思を示した。

ところが、その直後の記者会見において、当時の岩屋毅防衛相は、「沖縄には沖縄の民主主義があり、しかし国には国の民主主義がある。それぞれに、民意に対して責任を負っている」と述べた。そして政府は県民投票の結果を一顧だにせず、辺野古新基地建設のための埋め立て工事を強行し続けている。しかし、政府が辺野古に決定した経緯は以下のとおり著しく不合理である。

一九九五年九月、三名の米兵による一二歳の沖縄の少女への拉致、監禁、暴行事件が起きる。沖縄の怒りの高まりが後押しとなり設置された日米SACO（沖縄に関する特別委員会）の設置経緯には、「政府は、沖縄県民の方々の御負担を可能な限り軽減し、国民全体で分かち合うべきであるとの考えの下、沖縄県の将来発展のため、在日米軍施設・区域の整理・統合・縮小に向けて一層の努力を払うとともに、振興策についても全力で取り組む」と記され[3]、九六年四月の中間報告では、「今後五～七年以内に十分な代替施設が完成した後、普天間飛行場を返還する。」とされたが、同年一二月の最終報告においては、「沖縄本島の東海岸沖」が代替地の候補に上がり、翌九七年一月、日米両政府により、移設先をキャンプ・シュワブ沖、すなわち同じ沖縄の名護市辺野古沖とする合意がされてしまう。

海兵隊の沖縄駐留を正当化する軍事的・地政学的根拠が薄弱であることはかねてから指摘されており、実に森本・中谷・石破歴代防衛大臣や梶山元官房長官、小泉元首相、安倍元首相も「軍事的に沖縄でなくても良いが、本土の理解が得られないから辺野古に決定した」という趣旨のことを述べている。このことはSACOに関わった米政府高官であったジョセフ・ナイ元国防次官補、リチャード・アーミテージ元国務副長官、ウォルター・モンデール元駐日大使、ウィリアム・ペリー元国防長官、ローレンス・ウィルカーソン元米国務長首席補佐官、ローレス元国防副次官の「アメリカは沖縄と言っていない」、「われわれの視点から言えば、日本のどこでもよかった。日本側は沖縄県外の移設にとても消極的だった。日本政府が沖縄を主張した」旨の口述記録からも裏づけられており（新しい提案実行委員会編 二〇一八：五三〜五六）、実際、普天間基地の県外移設は九〇年代から幾度も模索されてきたが、ことごとく地元の反対により頓挫してきた。(4) これは先述のとおり、一九五〇年代に本土各地で米軍基地への反対運動が激化し、「本土の理解が得られないから」という理由で、本土の基地を米国の施政権下にあった沖縄に押しつけてきた歴史を繰り返しているといえる。

つまり、この問題は、安全保障の問題ではなく、本土の民意と沖縄の民意を区分し、本土の民意は尊重するが、沖縄の民意は無視するという不合理な区分（＝差別）により、普天間基地の代替施設を沖縄に押しつけているという自由と民主主義の問題であり、沖縄と本土に「自由の格差」があるということだ。

民主主義は、多数決の原理と少数者の権利の保障という二つの原則を一対の柱としている。多数決の原理は、公共の課題に関する決断を下すための重要な手段だが、少数者の基本的な自由（権利）を取り上げることがあってはならないからである。(5)

佐賀空港へのオスプレイ配備や、(6) 秋田市の自衛隊施設におけるイージスアショア配備が地元の理解が得られないからという理由で撤回されたが、沖縄では辺野古新基地建設のみならず、石垣島や宮古島でも住民の反対や心配をよそに、安全保障は国の専権事項という理由で自衛隊配備が急速に進んでいる。

沖縄の基地の問題は、普天間基地の県外・国外移転、日米安全保障や米海兵隊の日本駐留、自衛隊の南西シフトなど、公共の課題における価値規範を国政の重要事項として国民的な議論（最終的には国会）により決定することから逃げ、「軍事的に沖縄でなくても良いが、本土の理解が得られない」という不合理な区分により、固定的少数者である沖縄の人たちの自由を取り上げ、民主主義の二つの原則のいずれからも沖縄を疎外しているという構造的差別による不正義の問題なのである。(7)

（4）沖縄の貧困の課題

戦後、それまで主要産業であった沖縄の農業。その多くの農地は米軍に接収された。また産業構造についても本土復帰まで日本政府の政策が及ばなかったため、本土は鉄道・道路港湾などの産業基盤が整備される一方、沖縄は、経済社会の発展のための十分な資本投下がなされず、社会生活基盤整備も産業基盤整備も絶対的な遅れが生じた。当時の高度経済成長につながった日本の産業保護政策（一ドル＝三六〇円）に対し、沖縄は米軍の物資調達のために一ドル＝一二〇B円が設定されたため付加価値額の大きい製造業が育成される状況にはなく、莫大な基地建設需要へ対応するための「建設業」が第二次産業の中心となり、役場などの政府機関や米軍基地以外での大規模な雇用が不可能となったことで、本土とは大きく異なる基地依存型輸入経済構造となった。

米軍統治下における社会福祉方針は、「住民の福祉は、軍事的要請が許す限り、人道的な理由から考慮されるべきであり、また保護されるべきであるが、公平な取り扱いの主たる目的は軍事的作戦を促進し、法によって課された義務を果たすこと」であり、人権思想に裏打ちされた社会保障とは程遠いものであった。労働運動も米国民政府により著しく制限され、組合結成も簡単には認められなかった。

そして、一九七二年の本土復帰後も変わらぬ基地問題、それと一体となった沖縄振興特別措置法による沖縄振興体制は、日米安保の安定的運用維持装置として機能していく。格差是正から基地温存のための補償型政治、そして政府の公共事業が建設業の維持・増加を支えるというハード偏重。高率補助による特定公共事業への誘導、このような利益還元型政治が、既得権益層や植民地エリートを増長させ、さらなる依存を誘引するという悪循環を招いている（島袋 二〇一四）。しかも公共事業費のおよそ半分程度は大手ゼネコン等を通して本土に還流するといういわゆるザル経済である。(8)

なお、沖縄の貧困の問題が復帰後半世紀近く経っても解消されていない現実からすれば、その原因を沖縄の歴史的特殊性だけに帰することは誤りであるとの指摘がある（高田 二〇一九：一〇）。そして、日本の社会保障制度・政策の失敗や欠陥を指摘する。経済的余裕に乏しい沖縄では、社会保障制度などの公的制度の引き下げや後退が、直接個人の生活に影響を及ぼしているということであるが、沖縄も一応は日本国に属しているのであるから、その一面は否定できないにしても、ではなぜ沖縄が「経済的余裕に乏しい」のかの説明はなされておらず、沖縄の突出して高い貧困率の高さの理由にはなっていない。

（5）沖縄論に回収される沖縄

沖縄で新基地建設に反対すると、本土の右派からは「非武装中立のお花畑」と一括りにされて「中国に攻められたらどうするんだ」と言われ、本土の左派からは「沖縄に要らないものはどこにも要らない」と連帯を強要されてきた。そして、その対立軸のなかでレッテルが貼られ、じつに様々なデマが流されてきた。

近年では貧困の問題においても、沖縄の地縁血縁社会が人間関係の摩擦をさけるために同調圧力を生じさせており、それが変化の起きにくい社会を作っている。そして、その根本原因には「自尊心の低さ」という心の問題があり、これが沖縄の貧困の問題を生み出している。「経済格差の本質は、自分を愛する心の格差である」というもの（樋口 二〇二〇）まで繚乱しており、驚くことにこのような言説や書籍が広く受け入れられている。

私は、八〇年代以降の沖縄ブームによる「南の楽園」、「癒しの沖縄」、「優しいうちなーんちゅ」、「明るく元気なオバァ」というイメージの語り口が、オリエンタリズム的な言説として感じられとても居心地が悪かった。これは、社会学者の多田治が、「基地の現実と観光リゾート化の現実を，別次元のものとして分断する，政治的機能を果たしてきた」（多田 二〇〇四：四）と指摘したことと一致する違和感である。それが二〇〇〇年代以降には、沖縄の基地や貧困の問題が、「沖縄に内在する問題」、つまり沖縄の社会文化や県民性の問題として描かれるようになった。そしてこれが権力構造と向き合うことを避け、自己責任論としての沖縄論という政治的機能を果たしている。沖縄の人たちもこれをコンプレックスとして内面化してしまっている。この認識と危機感が、私が構造的解決に取り組もうとする動機ともなっている。

3 積極的平和と社会的排除

沖縄の基地問題は、これまで安保賛成と安保反対のいわゆるイデオロギー対立の問題として扱われてきた。安全保障に関する左右の価値規範軸のみが沖縄で相対化され、「平和」をめぐる左右の対立のなかで沖縄の基地は固定化されてきたのである。

政府の「普天間基地の返還のためには辺野古が唯一の解決策」と、本土左派の「基地はどこにも要らない、普天間基地は無条件撤去が唯一の解決策」は同根であり、この問題の解決を妨げている最大の不正義である。なぜならば、沖縄が繰り返し求めているのは、左右どちらの主張が「認められるべきか」ではなく、本土の理解が得られないという不合理な区分（＝差別）により強行されている辺野古新基地建設を止め、公共の課題である日米安保条約の存続・廃止は国民的議論のうえ最終的には国会による多数により決定すべきという民主主義の原則に立ち返ることを求めているに過ぎないからである。

また、沖縄の貧困問題は、安保賛成・堅持の右派にとっては、基地を甘受した沖縄の経済振興策とのトレードオフで解決すべき問題として、安保反対・破棄の左派にとっては、憲法九条護憲と憲法二五条の生存権を両輪とする反戦平和の島として日本を変える運動と位置づけられている。そして日米安保を容認する世論は八割を超える一方、九条を「変えないほうがよい」という世論も七割近くに達する(9)。

西洋政治思想史学者のC・ダグラス・ラミスは、憲法九条による日本の非軍事化と日米安保、この両立するはずのない二重意識が崩れないのは、沖縄の存在によるものだと指摘する(ラミス 二〇一〇)。石や煉瓦造りのアーチの最頂部に差し入れて、全体を固定する楔形の石を要石というが、要石がないと左側の石は右へ、右側の石は左へ落ち両方とも自然に崩れる。このように矛盾する勢力を固定する要石の役割を沖縄に課すことで、日本から見えにくい、日本人がなるべく考えずにすむ状況下で、沖縄の基地は固定化され、日米の思惑どおり、宮古島・石垣島などの自衛隊の南西シフトも含めてより一層の軍事要塞化が進められようとしている。

そして、基地問題は人権侵害の問題ではなく、見返りが欲しい地元の要求への政府の振興策による対応、というレベルに矮小化し、それが問題の本質であるかのように全国に流布し、国政レベルの争点にさせない仕組みにしてきた(非争点化)。これにより沖縄の市町村は政治的主体性が後退し、自治の破壊、地域社会の分断、ガバナンスの腐敗、そして貧困をもたらしてきた(島袋 二〇一四)。

安全保障における左右各々の実現したい「願望の表明」が「民主主義」より優先されているからこ

そ、多くの県民の反対の民意にもかかわらず辺野古新基地建設は止まらず、米軍や軍属における多くの事件・事故等で再三問題としてあげられる不平等・米側に特権的といわれる地位協定の抜本的改定も進まず、沖縄問題として固定化され続けている。これらは左右ともに沖縄を本土防衛のための捨て石とした構造が継続していることの証左に他ならない。

したがって、沖縄が求めるべきは、再び捨て石となることを拒否すること、矛盾する勢力を固定する要石の役割を放棄すること、そして「自由」とは、「平和」とは何かと日本に問い続けることである。

(1) 構造的暴力から平和を考える

戦争のない状態を平和ととらえる「消極的平和」に対し、平和学の世界的権威であるヨハン・ガルトゥングは、暴力の拡大概念を示すことにより、平和の拡大概念を導いた。そして抑圧、疎外、差別、貧困など構造的暴力のない状態を「積極的平和」とする概念を提起し、平和の理解に画期的な転換をもたらした。構造的暴力の不在こそが、社会正義であり、それが積極的に定義された平和の状態だと示したのである(ガルトゥング 一九九一)。

ここで重要なのは、ガルトゥングが示した暴力概念は、「ある人に対して影響力が行使された結果、彼が現実に肉体的、精神的に実現し得たものが、彼のもつ潜在的実現可能性を下回った場合、そこには暴力が存在する。」(ガルトゥング 一九九一:五)と指摘していることである。暴力の意味するところが肉体的無力化または健康のはく奪という行為(狭義の暴力概念)、そして平和がこの意味での暴力の否定とみなされるならば、理念としての平和を追求するうえで、この暴力概念はあまりにも寛大であり、受け入れることがきわめて困難な社会秩序でさえも、平和と両立しうることになる。それゆえ、暴力概念をより広く定義することが必要となるのである。

そして、ガルトゥングは、「この拡大概念は、単に望ましくないものをリストアップしたものではなく、論理的に導き出されるものでなくてはならない」とし、「暴力はここでは、可能性と現実とのあいだの、つまり、実現可能であったものと現実に生じた結果とのあいだのギャップを生じさせた原因、と定義される。暴力とは、潜在的可能性と現実とのあいだのへだたりを増大させるものであり、このへだたりの減少に対する阻害要因である」（ガルトゥング 一九九一：五〜六）と述べる。

これは、権力を持つものが積極的のみならず消極的にも影響力を行使することが可能だということを示している。つまり「影響力の与え手が間違いだと考える行為にある人が出るとき、その人を罰することにより、影響力の与え手はその人に対して影響力を行使すること」のみならず、「影響力の与え手が正しいと考える行為をある人が行うとき、その行為に対し報酬を与えることによっても、影響力の与え手はその人に対して影響力を行使することができる」（ガルトゥング 一九九一：九）からである。実際、政府は、沖縄への基地温存のための手段として沖縄振興策を報酬として利用し、沖縄が米軍基地の整理・縮小を実現する可能性を効果的に妨げている。事実、辺野古移設をめぐり沖縄が政府と対立するなか、二〇一〇年に新基地に反対する名護市稲嶺市長が就任し、米軍再編交付金の受け取りを拒否した際には、国は、新基地建設現場に近い久辺三区（辺野古、豊原、久志）に「再編関連特別地域支援事業補助金」という振興費を直接交付した。久辺三区は、基礎自治体ではなく町内会や自治会にあたるただの地縁団体である。一方で新基地反対を掲げる玉城デニー県知事のもとでは、県が沖縄の発展の核と位置づける大型ＭＩＣＥ施設整備や鉄軌道導入などは事実上の「門前払い」を続けているのである(10)。

政府が普天間基地の代替施設として同じ沖縄の名護市辺野古に決定した理由は、「軍事的な理由ではなく、本土の理解が得られないから」という理由である。つまり、本土の左派の「沖縄に要らないものは本土にも要らない」が、政府の「本土の理解が得られないので辺野古が唯一」という理由を補完しているのだ。そして、政府は、沖縄振興策を報酬として利用することにより辺野古を容認せよという影響力を行使し続けている。これらは暴力以外のなにものでもない。

事実、県民投票において沖縄自民は、その選択肢に「やむを得ない」を入れることに拘った理由は、「普天間基地の代替施設について、本土のどこも受け入れるところがなく、やむを得ないとの総合判断のもと、苦渋の選択で容認した」というものだった。沖縄自民は、実質的な選択肢が制限され、自己決定が迫られた結果、沖縄振興策とトレードオフするという強制的自発性にもとづき容認しているのである。

これが、多くの沖縄の人たちが「国土の〇・六％しかない沖縄に七〇％以上の米軍専用施設」というフレーズを直感的に使用し訴えている怒りの背景にある理性的な基礎である。

（2）自由から貧困を考える

貧困概念は、歴史的に絶対的貧困から相対的貧困へと変遷してきた。そして、現代の貧困は「社会的排除」という概念から定義づけられている。国連欧州委員会は、社会的排除について「市民が持つべき諸権利へのアクセスが阻害されていること」としている。市民が持つべき諸権利（シティズンシップ）とは、市民的権利、政治的権利、社会的権利をその主要な要素としている。アクセスを保障するということは、権利を実質化していくということに他ならず、権利の実質化とは、どのような個人であっても、市民社会の市民としてあるべき「自由」が実際に選択可能な広がりとして個人の目前にあることである。この実質的自由（権利）の範囲のなかで、諸個人は「自己決定」しながら自身の生活と人生を形成していく。貧困対策は、金銭の施与ではなく、私たちが獲得してきた「自由」の保障であり、絶対に譲ることのできない「自由」の最低限の範囲（権利の実質）がどのようなものであるかを確認する作業が含まれている（志賀 二〇一六）。

沖縄県子どもの貧困対策計画は、その基本理念を「社会の一番の宝である子どもたちの将来がその生まれ育った環境によって左右されることなく、夢や希望を持って成長していける社会の実現を目指します」と掲げる。[11] これは、貧困を「財」の不足だけでなく、「自由」の不足を通してみていることに他ならない。[12]

つまり、貧困をめぐる議論を展開することとは、私たちの市民社会におけるすべての個人の「権利を保障せよ」という要求であり、「自由の平等を実現せよ」という要求が含まれているのである。その意味で貧困対策は「最低限の自由の平等」の保障であるといえる（志賀 二〇一六、志賀 二〇一九）。

ガルトゥングが定義づけた「消極的平和」から「積極的平和」へと、「相対的貧困理論」から「社会的排除理論」へという大きな理論的展開が示す共通する重要な要素は「自由」である。自由が社会構造により奪われている場合、それは積極的平和概念が定義する暴力であり、社会的排除概念が定義する貧困なのである。

ガルトゥングが、「彼が現実に肉体的、精神的に実現し得たものが、彼のもつ潜在的実現可能性を下回った場合」（ガルトゥング 一九九一：五）、そこには暴力が存在すると述べていることと、社会的排除理論にも取り入れられるアマルティア・センが示した「個人が財やサービス等を活用して実際に得ることが可能な自由の範囲、あるいは実際に選択可能な選択肢の広がりを示す概念」（志賀 二〇一六：一二八）であるケイパビリティ[13]はともに、不平等に関する理論でもある。差別を受け、できることが限られている場合には、潜在的実現可能性もケイパビリティもそれだけ小さくなるからである。

積極的平和概念によると、平和は誰かに押し付けられるものではなく、抑圧、疎外、差別、貧困などの社会問題が解決することにより、紛争の根拠はなくなり、自然に訪れるものであり、社会の常識となっていくという過程を重視することができる（ラミス 二〇一〇）。同じく社会的排除概念によると、幸福は誰かに押しつけられるものではなく、自由の実質的な平等を促進する政策により、市民的生存・自己決定型の社会が常識となっていくという過程を重視することができる。これは社会的に不利な立場におかれた人たちに声を与えるという民主主義が果たす「人間の安全保障」を促進することである（セン 二〇一一）。

このことは、沖縄の基地問題と沖縄の深刻な貧困の問題の改善・解消のためには、この二つの問題を一体の問題としてとらえ直すことが必要条件であることを示している。構造的な差別により決定され強行される辺野古新基地建設を止めることも、沖縄の貧困対策も「最低限の自由の平等」というすべての社会構成員を対象とした平等化の促進であるからである。

近年、本土と沖縄、その歴史的な経緯や経済発展段階の違いが、現在まで沖縄の貧困の問題に大きく影を落としているという指摘がなされはじめてきた（島袋 二〇二〇）。しかし、これらの指摘も現在純然としてある本土と沖縄の権力構造を正面から論じているとはいえない。

沖縄経済の脆弱性、深刻な貧困は、沖縄戦や、その後二七年にわたる米軍統治、行政の分離による日本国憲法の不適用、そして復帰後も変わらぬ基地問題、それと一体となった沖縄振興体制という構造的な問題に起因している。県は「沖縄二一世紀ビジョン」にあるように、アジア太平洋地域の国際的な交流拠点をめざすことで経済的な自立を求めている。しかし政府はそれを後押しするどころか、辺野古移設と沖縄振興策をセットで押しつけてくる。日本と沖縄の関係が、支配と従属の関係におかれ、政治的な権力関係が経済的な権力関係を補完し、維持されている。これは、本土と沖縄の間に容認できないほどに大きな「自由の格差」があるということである。

4　自由と自己決定の保障を求めるための社会運動

二〇一三年一月、普天間基地に配備された垂直離着陸輸送機オスプレイの配備撤回と同基地の県内移設断念を求め、沖縄県内の全四一市町村の首長らが、東京・日比谷公園で集会を開き、集会後は銀座などをデモ行進して沖縄の過重な基地負担に抗議の声を上げた。いわゆる建白書東京行動といわれるものだが、当時那覇市長であり自民党の県連幹事長だった故翁長前知事を含めた保守といわれる首長らを待っていたのは、「売国奴」、「日本から出ていけ」という罵声であった。

二〇一三年一二月、当時の仲井眞知事は、公約だった普天間基地の県外移設から三〇〇〇億円の振興策と引き換えに辺野古新基地建設のための埋め立てを承認した。その後の知事選で辺野古反対を訴え当選した故翁長前知事は、「沖縄県民が争っているのを上から見て笑っている」、「沖縄の置かれている状況に保守も革新もない、イデオロギーよりアイデンティティで結集すべきだ」と主張した。

沖縄の保守はこれまで現実として米軍基地が存在することを受け入れ、経済振興を図ることによって、革新側の「反基地」「反安保」と一線を画してきた。安倍元首相は「戦後レジームからの脱却」、「日本を取り戻す」といいながら「辺野古が唯一」を繰り返す。しかし沖縄にとっての戦後レジームは米軍占領下から続く過重な基地負担である。故翁長前知事の訴えは、果たして日本のなかに沖縄は入っているのだろうか、私たちの自尊心は金で買えるものではないという多くの沖縄県民の「魂の飢餓感」を代弁したものだといえる。

前述したように、私は二〇一九年二月に実施された県民投票の運動をすすめた会の副代表を務めたが、その視点からいうと、シングル・イシューの県民投票に参加することにより、沖縄が自由に自己決定を行える環境をつくろうとするものが県民投票であった。

なお、個人と集団的権利の関係について、「集団的権利は、個人より集団が優先されるため、必然的に全体主義になる」旨の批判がなされる。これは「人びとを区別だてせずに、個人として扱ってはいけないのか」というもっともらしい理由にもとづいているかもしれないが、この批判は多くの誤解を含んでいる。前述の県民投票の結果というのは、沖縄県民という集団が示した決定である。たしかに県民投票が示した多数の「意思」とある個人の「意思」が対立することはあるが、これは民主主義における決定と同様であり、個人の意思より優先された集団的権利ではない。

また、日本国憲法では直接集団の権利を保障していないので、この問題の本質である「軍事的に沖縄でなくても良いが、本土の理解が得られない」という不合理な区分を差別の禁止および法の下の平等という人権問題として主張し得ないという意見がある。

憲法一四条は「すべて国民は、法の下に平等であって、人種、信条、性別、社会的身分または門地により、政治的、経済的または社会的関係において、差別されない。」と定める。つまり、ある属性を有する人たち（集団）を前提にしているが、これらの属性に対する差別を禁止することや法の下の平等を実現することは、日本国憲法で直接保障されないという集団的権利ではなく、日本国憲法で保障すべき人権の保障である。

なお、集団的権利とはエスニック自治権やエスニック文化権、特別代理権等である。私たちは集団的権利と個人の権利を整理し、その議論を乗り越える必要がある。

沖縄と本土という不合理な区分により奪われているのは、沖縄の人たちが幸福を追求する自由であり、平和的生存権である。沖縄の民意が無視されているということは、市民社会の市民として「社会参加」ができていないということである。社会参加ができないということは自己決定ができないということである。石垣島の人たちは住民投票の権利すら奪われている。(14)

(1) 新しい提案にもとづく全国一七八八議会への陳情

県民投票後、「ボールが投げられているのは本土だ」、「問われているのは日本の民主主義だ」、「すべての国民が真剣に考えねばならない」と問う声は出たが、本土の人たち一人ひとりが具体的に何をすべきか、何ができるのか、という議論は残念ながら深まっているとはいえない。政府は県民投票の結果を無視し、辺野古の埋め立て工事を強行し続けている。

政府の「辺野古が唯一」を瓦解させるためには、この問題の本質が「本土の理解が得られない」という不合理な区分(＝差別)により決定された問題であるという認識と理解により、代替地を選定するという発想ではなく、代替案という「認識」・「環境」の問題として提起することが必要である。「認識」とは日米元政府高官・首相も発言している「軍事的に沖縄でなくてもいい」ということ。「環境」とは安全保障の議論を国民的な議論を行うことである。

つまり、「辺野古新基地建設を中止し、普天間基地の県外・国外移転についての国民的議論による決断を行うこと」である。

この公正で民主的な解決を求める「新しい提案」にもとづく地方自治法九九条にもとづいた地方自治体の政府に対する意見書を全国で加速させるため、県民投票の一ヵ月後である二〇一九年三月二五日、私が責任者を務める「新しい提案」実行委員会で、次の意見書採択を求める陳情を、全国一七八八の市区町村および都道府県議会に行っている。

1. 辺野古新基地建設工事を直ちに中止し、普天間基地を運用停止にすること。
2. 全国の市民が、責任を持って、米軍基地が必要か否か、普天間基地の代替施設が日本国内に必要か否か当事者意識を持った国民的議論を行うこと。
3. 国民的議論において普天間基地の代替施設が国内に必要だという結論になるのなら、沖縄の歴史および米軍基地の偏在に鑑み、沖縄以外の全国のすべての自治体を等しく候補地とし、民主主義および憲法の規定に基づき、一地域への一方的な押付けとならないよう、公正で民主的な手続きにより解決すること。

冒頭で多重債務問題を解決するため貸金業法改正運動に取り組んだことを紹介したが、これも法改正を求める意見書を採択するよう地方議会へ陳情する運動であった。当時消費者金融は莫大な利益を上げ、自民党にも多くの政治献金を行っており、法改正など不可能というのが一般的な反応であった。しかし、全国の地方議会に陳情や請願が相次ぎ、次々と意見書が採択されて、国民の声が高まり、二〇〇六年、最終的に自民党も含めた満場一致で貸金業法が改正された。

私たちの「新しい提案」には市民が陳情や請願を行い連動する動きもあり、二〇二〇年九月現在、本土の自治体三二議会が陳情採択や意見書可決のかたちで応答した。なお、辺野古の所在する名護市、沖縄県もこれに応答し、意見書を採択している。これは民主主義の実践の呼びかけであり、自由の獲得を求める運動であると同時に、本土の人たちにとっては沖縄の犠牲の上に成り立つ自由と平和を拒否する運動でもある。この動きがさらに全国で広がることを求めたい。

（2）沖縄の深刻な貧困問題の構造的な解決とは

全国的にも同様の傾向があるが、沖縄においても子どもの貧困に焦点をあてた取り組みが二〇一六年から始まっており、現状と課題を示し、その解決のための対人援助・支援策が講じられている。沖縄県では、子どもの貧困対策は、基地問題とともに県政の最重要課題として掲げられている。

しかしながら、これだけでは沖縄の貧困は改善されないという限界性も示している。一つは、次章で志賀が述べるように、「資本−賃労働関係」、つまり労働の問題を正面から論じることを避け、子どもや階層論に偏重していることである。そしてもう一つは、なぜ沖縄の貧困が深刻であるのかという構造的な問題を問うていないことである。

沖縄の相対的貧困率やジニ係数の高さは、低所得者層が分厚く、ほとんど指摘されていないが、全国と比較してとくに顕著なのが、年齢を重ねても所得が上昇せず低所得が固定化されていることである。これは非正規雇用の割合が全国一高いこととも一致する。

沖縄では、観光を県経済のリーディングケース産業と位置づけ、観光や経済成長が好調である。しかし、沖縄の経済の好調が、労働者に十分に反映されていない。このことは、沖縄が二〇〇八年以降、経済成長は名目・実質ともにプラス成長で推移しているが（内閣府沖縄総合事務局『沖縄県経済の概要』二〇一七年一〇月）、前述の山形大学の戸室教授の貧困率調査によると沖縄の貧困率は、二〇〇七年から二〇一二年まで二九・三％から三四・八％、ワーキングプア率は、二〇・五％から二五・九％といずれも悪化していることからも判明する。つまり、成長の富の滴がいずれ低所得者層にも自然に滴り落ちてくるというトリクルダウンは起きていないのである。

したがって、労働者の権利を保障することを貧困対策として位置づける視点が必要である。労働の権利に焦点を当てない経済成長のみの議論は、従来の貧困概念にもとづく財・サービスのみに焦点が当たり続けることを意味し、シティズンシップの諸権利に焦点が当たらないまま労働者が不安定な状況に晒され続けることを意味する。

つぎに、沖縄の貧困の構造的な問題であるが、復帰後、沖縄の社会を形作ってきたのは沖縄振興特別措置法にもとづく沖縄振興体制である。その計画は、県が最上位計画の策定権を持たず、国が計画の「基本方針」を策定する。その基本方針のもとに県が振興計画を策定するプロセスがとられ、県議会が公式に何らかの権限をもって関与できない。他府県と異なり、県議会が計画策定とまったく無関係な仕組みとなっているのである（島袋 二〇一四）。つまり沖縄の自己決定が、資源の配分を決定する政府側が行うパターナリズムの上に成り立っているのである。

沖縄県子どもの貧困対策計画の基本理念にあるように「生まれ育った環境によって左右されることなく、夢や希望を持てる社会の実現」とは、シティズンシップの諸権利である市民的権利、政治的権利、社会的権利が実質化されているということであるが、本土 - 沖縄の関係における政治的権利の不均衡は、市民的権利および社会的権利の欠如を招来している。

したがって志賀が述べるように、「政治的権利の欠如が社会的権利の欠如を招来しているにもかかわらず、これを政治的権利によって実現・伸長していこうとする試みは、理論的には対立的、あるいは循環論法」（志賀 二〇一六：一七五）となってしまう。これを打開するためには、何ができるであろうか。

憲法九五条は、「一の地方公共団体のみに適用される特別法は、法律の定めるところにより、その地方公共団体の住民の投票においてその過半数の同意を得なければ、国会は、これを制定することができない。」と規定する。沖縄振興特別措置法は、沖縄の復帰直前に成立した法律であり、沖縄選出の国会議員はこの法律の成立に関与もしていない。しかし、一九四九年から一九五一年にかけて、広島平和記念都市建設法、長崎国際文化都市建設法をはじめ、〇〇都市建設法として一八都市一五件に達する特別法の制定にあたっては憲法九五条にもとづき住民投票が行われている。政府は、沖縄振興特別措置法は、地方公共団体の組織、運営、権能にほかの団体とは違う差別的な取り扱いをするものではないとして、憲法九五条のいう地方特別法ではないとの見解を示すが[15]、沖縄振興策は予算の分配機能ではあるが、自由の分配機能にはなっておらず、上述してきたように、むしろ自由を統制するための機能となっている。したがって政府は、沖縄振興策を基地温存のためのアメとムチとして利用するのをやめるべきことは言うまでもないが、その権力構造から脱するために、沖縄県民で議論を深め、最終的には憲法九五条の趣旨にもとづいて県民投票で延長・廃止について県民自身が自己決定を行うことを提案したい。

また、沖縄では中小零細企業が多く、建設・土木、観光・サービス業の非正規やワーキングプアが多いことから産業別労働組合などによる労働者の連帯が必要である。そして、国・地方自治体が行政目的を遂行するために民間企業や民間団体と締結する「公契約」には、公共工事や公共施設の清掃等の業務委託など多くの公共サービス事業が含まれている。公契約については、近年、委託企業間の価格競争が激化して落札額の低下が進み、サービスの質の低下やそこで働く労働者がワーキングプアとなる労働条件の悪化が問題となっている。そこで労働者の権利を保障するための施策として、自治体が定めた賃金額以上をそこで働く労働者に支払うことを義務づける公契約条例の制定が必要である。ぜひとも実現を働きかけていきたい。

一部識者は「経済性を完全に捨てて愛を優先する。それが結果として究極の経済合理性をもたらす」という「愛の経営」を唱えているが（樋口 二〇二〇：一九七）、資本家も資本主義の構造のなかで競争を強いられるように、人は自分の行動や判断を自由に決定しているのではなく、その背後にある「構造」が私たちを制限しているのである。社会構造にアプローチしないままの援助や支援は「社会的公正」や、「社会正義」ではなく「慈善」に依拠され、ときには「支配」に繋がる。志賀が次章で指摘するように政府が権力関係を堅持し続けられるのは、沖縄振興体制という貨幣による権力性ゆえである。これは、「資本‐賃労働関係」から生じる問題でもあり、構造的に差別を固定する機能を果たしているのである。

沖縄振興策が民主主義を毀損させ、地域社会の分断、対立激化、政治的主体性の後退を招くことは前述したが、これを市民の側からみると、民主主義の毀損は少数者の声を届かなくし、中間層を没落させ、格差や貧困、そして差別の拡大を招く。権力を監視する社会的力は弱くなり、人びとは権力に忖度し、服従し、ポジション取りに終始するようになり、さらなる民主主義の毀損という悪循環を招く。したがって、貧困の問題を共同体の社会文化が生み出す階層問題としてではなく、階級（権力構造）の問題としてとらえる必要があるのである。

この意味でも反差別と反貧困運動は一体であり、沖縄振興体制の見直しや労働者の権利を保障するため、労働者の連帯や労働条件の悪化を防止するための公正なルール、すべての人の自由と自己決定の保障を獲得する社会運動を求めていく必要がある。

5　価値規範を相対化する社会運動

沖縄は、「中国に近いから基地は仕方がない」、「基地がないと経済的にやっていけない」、「特別な予算をもらうために基地反対と叫んでいるだけ」というような言説や、「基地反対派の背後には中国共産党がいて、沖縄県知事は中国政府からお金を貰っている」というようなものまでまことしやかに宣伝されてきた。

同様に、沖縄の貧困の問題においても、比較調査の視点のないバイアスのかかった質的調査と称する個人的経験談から、沖縄の地縁血縁社会が同調圧力を生んでいるとして、あたかも沖縄の社会文化や県民性、そして自尊心などの個人の問題に起因していると宣伝されている。そして沖縄は基地のことばかり、被害者意識が強いわりには、深刻な貧困の問題を放置しており、それこそが沖縄問題の本質であり、全国の問題ではないと流布されている。

では、沖縄の社会文化が同調圧力を生み出しているのだろうか。このような言説が挙げる事例などは、全国でもみられる現象であり、むしろ近代の日本の教育の成果であるといえる。

私は司法書士として二〇一二年からずっと多重債務や生活保護の相談を受け、債務整理や生活保護の同行支援を行ってきた。母子寡婦の相談員としてシングルマザーの相談も受けている。そのなかでたとえば私が、相談者に対して、「あの時こうすべきだったのに、なぜあなたはしなかったのか」と沖縄の言葉で「ウチアタイ」という本人が痛いところを突かれるような指摘をすること、養育費を払わない男性の話ばかりを聞くと「沖縄の男性は」と沖縄の社会文化の問題にすることはいくらでも可能である。

前述した「新しい提案」の仲間である親川志奈子は、「沖縄問題が伝わらないのは、ひとえに『当事者性の欠如』だ」(親川 二〇一七)と述べる。歴史社会学者の小熊英二は、「沖縄も自分と同じ生身の人間が生きている土地だと考えれば、理解可能なはずだ。それが複雑に見えるとすれば、沖縄に関する知識不足以前に、もともと社会の現実に向きあう姿勢が欠けているのではないか。」、「自分の現実に向きあう勇気がないとき、人は他者を語ることに逃避し、安易な期待や勝手な偏見をその他者に投影する。それこそ、多くの沖縄論が空疎である最大の理由だ。まず、自らの現実の当事者になること。それが『沖縄』と『本土』の境界を壊すことにつながるはずだ。」(小熊 二〇一七)と述べる。責任とはかつては、他者や社会に対する自己の責任を指していたが、弱者を批判するための自己責任論となり果てた(モンク 二〇一九)。

同様に、権力関係において強い立場にあるマジョリティの側の人間が、「本当の『沖縄らしさ』を獲得せよ」と基準を決めていくパターナリズムは、そこに向かって努力しないと豊かにならないぞというメッセージ効果を与え、そのマインドセットのゲームのなかでやればやるほど権力関係にもとづく格差がむしろ固定化される。(16)

このような権力構造に対峙しない啓蒙や啓発は、非争点化のみならず、資本主義のなかで労働力を商品化することに貢献し、支配の道具として機能する。これは権力構造による力の不均衡が民主主義の形骸化を招くことを示している。それが共同意識を分断させ、グローバリゼーションや新自由主義と親和性を持つ自己責任論を強化している。しかし、われわれが出会い、われわれに影響を及ぼし、われわれを動かすものの大半は社会的なものであり、社会的性質を付与されている。それは構造であり、制度であり、社会的諸関係である。したがって、個人が個人として行動しようと欲するのは、構造によって影響されて方向づけられているのである（ロルドン 二〇一六：二五七）。

「本土と沖縄の自由の格差という構造的差別」をスルーしながら安全保障における左右の価値規範を相対化しても、沖縄の基地問題は前に進まないどころか固定化しているように、経済成長や階層論だけでは貧困の根本的解釈はなされない。したがって何よりも、沖縄の基地問題・貧困問題に対する非争点化や自己責任論から脱却し、権力構造と向き合い、構造的解決をめざす価値規範こそが重要となるのである。

6　まとめ

読者のなかには「本土と沖縄の権力構造を強調する言説は、二項対立を煽り、本土と沖縄を敵対関係とする排除の論理だ」という意見もあるかもしれない。しかし近年のポピュリズム的政治手法で公務員や正社員、年金受給者や生活保護受給者までも既得権益層として敵対関係とする政治、そして沖縄の社会文化が貧困を生み出しているという言説などこそがルサンチマンを煽るアイデンティティ・ポリティクスである。それは分断を生み共同意識を崩壊させ、民主主義の衰退をもたらす。その結果、貧困・格差・差別は拡大し、自己責任論の強化につながっている。

私が主張しているのは、友と敵を分け、排除する敵対関係ではない。権力構造への葛藤関係であり闘技関係、そしてシティズンシップを求めるアイデンティティ・ポリティクスである。それによる共同意識の再生、民主主義の醸成を求めている。なぜならば、集団間の平等を求める「対外的防御」と、集団内の自由と平等が確実となるようにすべき「対内的制約」の解消は、命運を共にするどころか対外的防御としてのアイデンティティ・ポリティクスを支持するべきまさにその理由が、同時に対内的制約を拒否すべき理由であるシティズンシップだからである（キムリッカ　一九九八）。

なお、アイデンティティとシティズンシップを克服できない対立関係とする考え方がある。(17) その立場からは、「社会的弱者・被害者としての立場を強調することに専念するようになり、建設的な社会改革を放棄している」、「アイデンティティ・ポリティクスは社会的弱者・被害者が特権を得ているというマジョリティのアイデンティティ・ポリティクスを招いている」と批判する。しかしながら、そもそもアイデンティティ・ポリティクスというのは、第二次大戦後に起きた労働者の権利拡大運動に端を発し、米国ではしだいに「マイノリティの市民がお互いの文化や言語を尊重して、多様性を保ちながら共存する」という考えに発展し、現代では特定の人種や民族だけでなく、女性や貧困層、LGBT、障碍者など、社会的に不利な立場にある集団の社会的運動を指す（チョムスキー 二〇〇四：一八四）。

社会的アイデンティティは、「どんな選択でも無制限に行える」などということはない。しかしそれは受動的な認知によるものではなく、多元性があり、選択、合理的判断の余地があるということを否定してしまうことは抑圧的になるという認識が重要である（セン 二〇〇三）。たとえば、私は、「沖縄、八重山、石垣島出身であり、男性であり、司法書士であり、辺野古新基地を止める新しい提案として全国の地方議会へ意見書採択を呼びかけており、全国で行われている生活保護基準引き下げ取消請求訴訟の沖縄原告弁護団事務局で、石垣自衛隊配備計画の賛否を問う住民投票義務付訴訟の原告団事務局を担当している」。私は、沖縄人《うちなーんちゅ》、八重山人《やいまぴとぅ》、那覇市民、法律家など複数のアイデンティティを持ち、しかもこうした複数のアイデンティティが文脈により重要度が増したり減ったりしながら互いに関連し合っている。

またシティズンシップは、人びとの特定の属性・特定の集団・特定の地域というアイデンティティを考慮すべきではないということではない。万人に単一の差異化されていないシティズンシップのモデルを課すことは不可能である。社会的に不利な立場にある集団を無視することは「同化」を意味する。同質性は平等とは異なり、友と敵を分け排除する。しかし「差異の政治」は、むしろ自由主義の原理と両立するのである。

そもそも、当事者の声こそ社会を動かしてきたのであり、当事者により認識されるアイデンティティとそれにもとづいて展開される社会実践がなければなにも始まらない。その、社会実践のなかで要求される自由と権利、民主主義の実現、社会変革の活動がなされ、民主主義の醸成、社会変革が進捗する。その結果として、自由が分配され、相互承認がなされる。

つまり、主体的な社会運動により自由を勝ち取り、自由の平等化を実現させ、権利の実質化を試みることがきわめて重要なのである。

権力関係から生ずる女性や障碍者、性的マイノリティ、民族、地域への差別、そして貧困問題などの構造的暴力は、最低限の自由の平等を通してこそ解決する。この視点こそが積極的平和であり、本来、日本政府が推進しようとしているはずのＳＤＧｓと両輪の人間の安全保障なのである。

ウィル・キムリッカは、「自由主義者が努めるべきことは、集団間の平等、および集団内の自由と平等が確実なものとなるようにすることなのである。」と述べる（キムリッカ 一九九八：二九三）。私もこの意見に賛同する。なぜなら、私たちが求める自己決定は、権力構造「からの自由」を求めるだけでなく、多様な個人が尊重され、自由で平等な社会を作りたいという幸福追求「への自由」を求めていくことでもあるからだ。この自由や幸福は、志賀のいうように freedom・happiness というよりは他者のいる自由である liberty であり、well-being である（志賀 二〇一六：二八：志賀 二〇一六：一五三）。

これは、シティズンシップを求めるアイデンティティ・ポリティクスという価値規範に他ならない。

以上のとおり、差別や貧困の問題は、対人援助や地域だけでは解決することができるような問題（個人問題や地域問題）ではなく、社会構造上の問題である。

私たちは、構造的に選択肢を奪われている状況を把握できるからこそ、阻害している要因を取り除くことにより、市民社会の構成員として「自己決定」し、個人の生活を含めた社会を主体的に形成することが可能となる。これは、社会構造の帰結として、問題を語るだけではなく、問題を出発点として、私たちがどのような社会を構想するかを考えることである。それらの視点のなかで、自己決定のための自由を獲得するための運動を主体的に働きかけ、エンパワーメント(18)していくこと、自己決定を個人レベルから地域、そして社会全体へとボトムアップにより高めていくことが必要である。それこそがソーシャルアクションであり社会変革である。

最後に、私の知人が書いた次の文を紹介して結びたい。

「私たちは負けっぱなしだけど、手をつなげる人と手をつないで、時にはこうやって歌を歌って踊って、励まし合いながら、じりじりと前に進んでいくしかないんだ。　戦後間もない収容所で廃材で楽器を作り、歌を歌った先輩たちのように。」

【注】

（1）「アイデンティティの政治」または「アイデンティティ・ポリティクス（identity politics）」とは、

アイデンティティを土台にした集団が、その集団を構成する個人のアイデンティティに関して社会的承認を求める運動をいう（太田 二〇一二：四八）。

（2）沖縄県、沖縄県子どもの貧困率（二〇一六・一・二九発表）、沖縄県ホームページ「沖縄県子どもの貧困実態調査結果概要について」〈http://www.pref.okinawa.jp/site/kodomo/kodomomirai/kodomonohinkontyousa.html〉二〇二〇年七月二九日閲覧。

（3）防衛省ホームページ「ＳＡＣＯ設置などの経緯」〈https://www.mod.go.jp/j/approach/zaibeigun/saco/saco_final/keii.html〉二〇二〇年七月二九日閲覧。

（4）安里長従『なぜ普天間の「高知移設案」は幻に終わったのか（上）・（中）・（下）』（オキロン／OKIRON〈https://okiron.net/〉二〇二〇年七月二九日閲覧。

（5）Bureau of International Information Programs "Principles of Democracy"「民主主義の原則——多数決の原理と少数派の権利」アメリカンセンターＪＡＰＡＮ国務省出版物〈https://americancenterjapan.com/aboutusa/translations/3080/〉二〇二〇年七月二九日閲覧。文部省（一九九五）文部省著作教科書『民主主義』径書房等を参照。

（6）普天間飛行場所属のＭＶ22オスプレイの佐賀空港での訓練移転計画を防衛省が取り下げたことについて、当時の菅義偉官房長官は「知事など地元からの了解を得るのは当然だ」と述べた（『琉球新報』二〇一五年一〇月三〇日社説）。

（7）法哲学者の長尾（一九九七）によれば、少数者にも流動的少数者と固定的少数者があり、前者は競争の自由が保障されれば、将来多数者になれる可能性を持ち、したがって一時的に多数決の権利を甘受けることができる。しかし固定的少数者は多数決によれば常に敗北する運命にあるので、多数決によって剝奪できない自由と自治権が与えられる必要がある。長尾の議論における「流動的少数者」に安保破棄派、「固定的少数者」に沖縄を当てはめて考えてほしい。

（8）平成二一年一一月の参議院予算委員会で、当時の前原誠司沖縄担当大臣が「沖縄の公共事業では、事業費の五一％しか地元に落ちていない。四九％は本土に引き上げられている」と答弁している。

（9）日米安保について、内閣府平成二六年度自衛隊・防衛問題に関する世論調査、憲法九条について、時事通信令和二年五月実施憲法に関する世論調査。

（10）琉球新報二〇二〇年五月八日二面を参照。

（11）沖縄県『子どもの貧困対策計画【改定計画】』（二〇一九年）。

（12）しかしながら、沖縄県子どもの貧困対策計画では貧困の概念として絶対的貧困と相対的貧困のみを述べる。

（13）たとえば、選挙権を持っていたとしても、十分な教育を受けることができていなかった人は、それを活用する能力を有しているとはいえず、一見自由があるようにみえて、実際にはあるとはいえない。

（14）石垣市自治基本条例が定める住民投票の要件を満たした直接請求（署名数は住民の三分の一を超える）を行ったのにもかかわらず、市長は住民投票を実施しておらず、その実施を求め住民訴訟が継続中である（二〇二〇年九月現在）。私はその弁護団の事務局を担当している。その問題点については「石垣島自衛隊配備の最大の問題点とは」「石垣島自衛隊配備論点」（オキロン／OKIRON〈https://okiron.net/〉）を参照していただきたい。

（15）第一六五回国会二〇〇六年一一月八日衆議院内閣委員五号三〇頁。
（16）友利修 Osamu Tomori@orpheonesque 二〇一八年八月二三日の一連ツイートを参照。
（17）綿野恵太『みんなが差別を批判できる時代――アイデンティティからシティズンシップへ』〈https://note.com/edoyaneko800/n/nee7e465fd705〉二〇二〇年七月二九日閲覧。
（18）エンパワーメントとは、社会的弱者や被差別者が、自身の置かれている差別構造や抑圧されている要因に気づき、その状況を変革していく方法や自信、自己決定力を回復・強化できるようにする援助、理念。啓蒙や救済ではなく、本来の権利や人格を保つために力を付与するという考え方に沿って支援することをいう。

参考文献

新しい提案実行委員会編（二〇一八）『沖縄発：新しい提案：辺野古新基地を止める民主主義の実践』ボーダーインク。

アマルティア・セン／細見和志訳（二〇〇三）『アイデンティティに先行する理性』関西学院大学出版会。

アマルティア・セン／池本幸生訳（二〇一一）『正義のアイデア』明石書店。

ウィル・キムリッカ／角田猛之・石川文彦・山﨑康仕監訳（一九九八）『多文化時代の市民権――マイノリティの権利と自由主義――』晃洋書店。

太田好信（二〇一二）『政治的アイデンティティの人類学：21世紀の権力変容と民主化にむけて』昭和堂。

親川志奈子（二〇一七）『手榴弾を囲んだ家族、そして土地は奪われ　植民地・沖縄を前に、日本人の選

択は?』『Journalism』二〇一七年八月号、六〇～六六頁。

小熊英二「(論壇時評) 沖縄と本土『自らの現実』はどこに」(朝日新聞、二〇一七年八月三一日)。

小西誠(二〇一六)『オキナワ島嶼戦争 自衛隊の海峡封鎖作戦』社会批評社。

戸室健作(二〇一六)「都道府県別の貧困率、ワーキングプア率、子どもの貧困率、捕捉率の検討」『山形大学人文学部研究年報第一三号』三三～五三頁。

佐々木隆治・志賀信夫編著(二〇一九)『ベーシックインカムを問い直す——その現実と可能性』法律文化社。

志賀信夫(二〇一六)『貧困理論の再検討:相対的貧困から社会的排除へ』法律文化社。

志賀信夫・畠中亨編著(二〇一六)『地方都市から子どもの貧困をなくす 市民・行政の今とこれから』旬報社。

島袋純(二〇一四)『「沖縄振興体制」を問う——壊された自治とその再生に向けて』法律文化社。

島袋隆志(二〇一九)「沖縄における貧困問題とその要因」『賃金と社会保障』第一七四二号、一一～一七頁。

高田清恵(二〇一九)「沖縄における憲法二五条の意義と課題——憲法二五条沖縄集会を契機に」『賃金と社会保障』第一七四二号、四～一〇頁。

ダグラス・ラミス(二〇一〇)『要石:沖縄と憲法九条』晶文社。

多田治(二〇〇四)『沖縄イメージの誕生 青い海のカルチュラル・スタディーズ』東洋経済新報社。

長尾龍一(一九九七)『憲法問題入門』筑摩書房。

ノーム・チョムスキー/田中美佳子訳(二〇〇四)『秘密と嘘と民主主義』成甲書房。

樋口耕太郎（二〇二〇）『沖縄から貧困がなくならない本当の理由』光文社新書。

フレデリック・ロルドン／杉村昌昭訳（二〇一六）『私たちの〝感情〟と〝欲望〟は、いかに資本主義に偽造されているか？――新自由主義における〈感情の構造〉』作品社。

ヤシャ・モンク／那須耕助・栗村亜寿香訳（二〇一九）『自己責任の時代：その先に構想する、支えあう福祉国家』みすず書房。

ヨハン・ガルトゥング／高柳先男・塩屋保・酒井由美子訳（一九九一）『構造的暴力と平和』中央大学出版社。

第7章

生活問題をめぐる議論における「資本－賃労働関係」の視点の必要性

——貧困問題を例にした理論的試み

志賀信夫

本章では、貧困問題をはじめとする生活問題をめぐる議論における「資本－賃労働関係」の視点の欠落が、人びとの社会連帯を阻害し、分断を招いている原因の一つであることを指摘する。「資本－賃労働関係」の視点の欠落は、本書第1部・第2部の議論において言及されてきた「限界性」を生じさせている原因でもある。

1　はじめに

本章では貧困研究の視点から、以下の二つの論述を試みる。

まず第一に、本書第1部・第2部までに論じられてきたような、対人援助、地域福祉、既存の制度・政策の限界性を生じさせている原因の一つが、「資本－賃労働関係」の視点の欠如であることを説明する。そして第二に、第一の議論をふまえつつ、資本の無制限的な振る舞いに対抗する社会運動が重要であり、そうした社会運動に貢献する言説と理論が必要であるということを説明する。

本章におけるキーワードは、「資本–賃労働関係」である。私たちが生きるこの社会は資本主義社会である。資本主義社会において、人びとは「資本–賃労働関係」という関係性のなかで生活している。一方に資本の担い手の人口部分として資本家階級があり、他方に自分自身の労働力以外は基本的に売るべきものがない労働者階級がある。[1]労働者階級は賃労働の担い手であるが、自身の労働力が売れない場合、失業する。したがって、労働者階級のなかには、現役雇用従事者だけでなく、半失業者、失業者、その家族が含まれていること、また、「資本–賃労働関係」は、「雇用主–雇用従事者」という限定された社会関係だけを意味するものではないことには注意してほしい。

本書では、「資本–賃労働関係」の視点の重要性をより鮮明にするために、この視点を欠落している議論の限界性についても説明していきたい。近年の日本における生活問題をめぐる対人援助、地域福祉、制度・政策の諸議論は、それらが良心的な動機にもとづいており、なおかつ、貧困や社会的排除の当事者に焦点化し（当事者の成育歴、特徴、当事者がアクセス可能な社会資源等）、当事者の声に細心の注意を払っていたとしても、当事者と資本のあいだの関係性については看過していることが圧倒的に多い。例外的なものとして挙げることができるのは、今野・藤田編著（二〇一九）である。[2]

もちろん「資本–賃労働関係」の視点がない議論であっても、当事者が経験してきた劣悪な労働環境、低賃金、不安定雇用等の労働問題への批判を展開している議論はある。だが、そうであるとしても「資本－賃労働関係」の視点を欠いた批判は、資本の振る舞いによって貧困や格差が生じているということを正面から論じることができず、貧困をはじめとする生活問題の自己責任論を感情的には否定していても、論理的整合性をもってこれを否定することは困難である。なぜならば、「資本－賃労働関係」の視点を欠いた貧困対策論や格差是正論は、資本の振る舞いに対してではなく、貧困や社会的不利性を余儀なくされている当事者の行動変容のみを促すという論理構成にならざるを得ないからである。それは意識せざる自己責任助長論であると私は強調しておきたい。ただし、このことは当事者にとって安心できる安定的な生活を送るための支援がすべて不必要であるという主張ではない。本人が希望するならば、そうした支援が常に準備されているということは権利保障の視点からみて必要かつ重要である。

本論を始めるにあたって注意喚起しておきたいことが三つある。

まず第一に、本章における「資本－賃労働関係」の視点の強調は、既存の議論の積み重ねの成果をすべて否定し去ろうとするものではないということである。私は「資本－賃労働関係」の視点を排除し続けることについて批判を試みるのであって、その試みの行き先は、既存の議論の蓄積に「資本－賃労働関係」の視点を持った議論を足し合わせていくというものである。

そして第二に、種々の生活問題について、今すぐに、そのすべてに完全な対応がなされねばならないという極端な主張をここで展開したいわけではないということである。ここで強調しておきたいのは、種々の生活問題すべてに対する完全な対応がいますぐにできないということを考慮したとしても、日本における生活問題への対応は不十分な点が看過できないほど多くあり、人権侵害が常態化しているということである。ここで「人権侵害」という表現をするのは、生活問題をめぐる社会的要請の方向性は、ますます「人間としての自由と尊厳」を重視するようになっており、単に動物的生存の維持ができればそれで事足れりとはしなくなっているという社会規範(3)の動向を顧みた結果である。

第三に、先進諸国やグローバル企業に搾取され続けた結果、依然として経済的困窮を余儀なくされている社会、あるいは民主主義が形式的にすら成立していない社会における生活問題への対応の水準は、日本におけるそれにはるか及ばないことがほとんどであるが、だからといって、そうした社会と比較して日本における人権侵害状況が容認される理論的合理性はないということである。人権侵害状況がより深刻な社会によって、現在の日本の人権侵害状況を正当化することはできない。この点については、本来であればいうまでもないことであるが、私自身の経験上、あまりにも多く質問されることが多いため、ここで明記した次第である。

2　社会構造上の問題としての貧困問題

生活問題には、様々な領域の問題が含まれる。そのすべてについてここで論じ尽くすことは不可能であるので、本章では貧困問題を中心に論じていく。なお、貧困問題を論じるために「貧困とは何か」

というテーマは重要であるが、本章ではこの点に関する詳細な議論は避け、必要最低限の説明のみ行うことにしたい。「貧困とは何か」という問いとこれに対する詳細な議論については、志賀（二〇一六）、埋橋編（二〇二〇）を参照してほしい。

（1）現代的貧困の定義に関する整理

結論的に、現代の貧困の定義を述べておくと以下のようになる。[4] すなわち、貧困とは自分自身が追求したいと思う幸福（well-being）を追求するための権利の不全、自由の欠如である。ここで論じている権利や自由が欠如している場合、人びとは自分自身でやりたいと考えていることを行ったり、なりたいと思うものになることができない。つまり、市民社会に生きる一人の人間として、自己決定しながら自分自身の生活と将来を形成していくことができないということである。この貧困理解は、セン（一九九二＝一九九九：二〇〇九＝二〇一一）のケイパビリティ論を基礎にしている（ただし、全面的な採用ではない）。

上記の定義に対して、貧困とはお金が十分にないことではないのか、という疑問もあるだろう。なるほど、そのような疑問は至極当然であると同時に非常に重要なものである。まずはこの疑問にこたえておかねばならないだろう。

上述した貧困の定義における「自由」は、お金の問題と関係している。「自由」が拡大するか縮小するかを規定する要素の一つに、「資産・所得」が含まれているからである。「自由」の拡大／縮小を規定する「資産・所得」以外の要素は、「社会環境」と「個人的差異性」である。「社会環境」は、公共交通機関や公共施設等の公的に支えられた社会インフラおよび社会政策・制度まで含むものであり、「個人的差異性」とは年齢、障害の有無、病気の有無、性別、性的志向、家計支持能力等々のことである。「資産・所得」、「社会環境」、「個人的差異性」の三つの要素の組合せによって、自由は拡大したり縮小したりする。したがって、最低所得保障は重要だが、それだけでは最低限度の自由の平等は達成されない可能性が高いのである。

たとえば、ある二人の所得が同じだったとしても、そのうちの一人に持病があり、もう一人にはそれがない場合（これは個人的差異性を示す具体的事例である）、両者のあいだで獲得可能な「自由」の格差が生じることになる。ここで、容認できないほどの自由の格差（つまり自由の不平等）を是正したり、最低限度の自由の平等を保障するための仕組みが制度・政策の役割として期待される。すべての人びとに人間らしい生活を保障するための必要条件は、「最低でもこれだけは保障せねばならない」という自由を社会が個人に準備することに他ならない。(5)

くしくも、二〇二〇年のコロナ禍によって、資産・所得を十分に所有していたとしても、公的医療が抑制・削減され続けてきたことによる医療アクセスへの困難という問題をはじめとして、人びとの権利が形骸化されていたことが白日の下にさらされた。つまり、社会環境の抑制・削減によって、人びとの「自由」が抑制されていることが可視化されたのである。ここではわかりやすい事例としてコロナ禍における医療と人びとの「自由」の関係について言及したが、コロナ禍でない場合においても、社会的不利を余儀なくされている人びとは多く存在し、そうした人びとは医療だけでなく、教育、介護、保育、住宅等へのアクセスが何らかの事情によって制限され続けている。彼ら・彼女らの「自由」は、抑制（抑圧）され続けているのである。

人びとの「自由」に対する抑制（抑圧）は、彼ら・彼女らによる「自己決定」の不可能性を意味している。「自己決定」は、人びとが自分自身を「ヒト」ではなく、尊厳を持つ「人間」であるということを確証しながら生きていくための必要条件である。もしも人びとが「自己決定」するための自由（諸手段）を奪われているならば、彼ら・彼女らは自らの生活と将来を形づくることができず、社会参加することが困難になる。つまり、そこに「社会的排除（Social Exclusion）」が生じてしまうのである[6]。社会的排除は、差別（＝不合理な区分）の温床であると同時に、その結果でもある。資本の振舞いは、差別を固定化したり助長する。社会的排除と差別の関係に関する具体的事例は、本書第6章（安里論文）にも詳論されている。

以上のことから理解できるように、本章で論じている貧困問題とは、単に消費生活の不十分性に限定された問題ではない。人びとが「ヒト」としてのみならず「人間」として生活するために必要であろう「最低限度これだけは」保障されねばならない生活状態を下回る状態としてこれを考えている。多くの貧困論がそうしているように、貧困問題を資産・所得の側面に限定して考える場合、貧困問題は消費生活という生活の一局面（ただし重要な一局面）に限定して理解されることになる。もちろん、そうした理解の方法も重要であるが、この場合、資産・所得と自由の関係性、たとえば、資産・所得が増加したとしても自由が縮小してしまう場合があるということについては見落としてしまう（詳細については、埋橋編（二〇二〇）第5章を参照していただきたい）。

これに対して、「自己決定」にかかわる自由の側面から考える場合、貧困問題は「全生活的な問題」として扱うことが可能となる。ある個人の資産・所得が変わらない場合、あるいは増加した場合でも、社会環境や個人の能力・属性に変化があり、それらの変化に対応するための医療・教育・介護・保育・住宅にかかわる公的保障・補助にアクセスできなかったり、あるいは公的保障・補助が後退することで、自由が縮小する場合があり得るのである。

「自由」から考える貧困問題の重要性に関する上述した内容に加えて、いますぐに使用するわけではない「自由」、近々に使用する予定のない「自由」の実質的保障も重要だということを補足説明しておかねばならない。たとえば、医療機関へのアクセスを万人に保障するということは、いま現在すぐに医療を必要とする人びとのニーズだけを考慮すればそれで事足りるというわけではないということである。いま現在のニーズにのみ対応できればそれでよいというのは「選択と集中」の考え方であり、選別主義、あるいは本書第2章（片田論文）で懸念された「サプライサイドの論理」である。これは強者による一方的な論理の押し付けでもある。このような発想や論理は、人びとの自由と権利の抑圧につながる。コロナ禍における医療崩壊という懸念は、「本当に医療を必要とする人」を選別し、それによって社会のニーズを同定するところから医療保障のための政策展開を試み続けてきた結果である。

（2）権利＝自由の法的形態・法的表現

前段では、「自由」について言及してきたが、この「自由」は、どのような範囲のものを保障・保証する必要があるのだろうか。それは、「権利」として明示されている。「権利」とは「自由」の法的形態あるいは法的表現である。つまり、ある「自由」について、その保障を社会全体で約束しルール化したものが「権利」なのである。社会全体でその保障を約束した「自由」であるので、「権利」とは自由の「共同的表現」であるともいえるだろう。

したがって、個人の自己決定や人びとの自治が軽視・無視されているということは、権利が侵害されているということに他ならない。こうした権利侵害状況に対しては、権利の重要性を主張するということがこれまでの良心的な福祉関係者や貧困研究者によってとられてきた通常の対応である。貧困状態に陥ってしまったら、あるいはそうしたリスクが顕在化した場合には、生存の権利にもとづき、生活保障がなされなければならない。それは当然のことである。ただし、「権利がある」ということをもってただちに安心できる生活が保障されるわけではないことは、本章で強調したいことの一つである。丸山（一九六二）が論じているように、「権利の上にねむる者」であるだけでは権利の実質的保障はなされないのである。もちろん、「権利がある」というだけでその権利が常に保障されるようになることが一番よいのだが、そのような状況を達成するためには、やはり、権利をめぐる闘争が現時点では不可欠である。

また、いまだ権利にはなっていないが、権利として保障されるべき自由の領域があるだろう。この自由を権利化していくためにもやはり、権利を勝ち取るための闘争が必要である。歴史を振り返れば、自由・権利は、権力者によって与えられたものではないことは明らかである。権利は、自由の平等を要求する者が勝ち取ってきたのである。(7) 善意の政治的エリートの出現によって獲得されたものではない。

(3)「資本－賃労働関係」と「統治」

本章では、「資本－賃労働関係」のなかからいかにして格差と貧困が生じているかという詳細な分析を改めて行うことはしない。この分析については、後藤・木下(二〇〇八)に非常にわかりやすく説明されている。本章の問題意識は、貧困をはじめとする生活問題を議論する際に、「資本－賃労働関係」の視点がなぜ重要であるのかを説明することであるため、これに集中したい。

資本家階級と労働者階級の利害は対立しており、資本は労働者階級の自由・権利を抑圧する傾向がある。資本の目的は自己増殖(単純化していえば、さらにお金を殖やすこと)なので、直接的には労働者から経済的搾取を試みるのだが、常に労働者が従順であるとは限らないため、間接的な方法として自由・権利を抑制し、「安定的統治」をめざすようになる。資本家階級にとっての「安定的統治」とは、「資本－賃労働関係」の絶対化・永続化を旨とする。

このことと関連して、資本は「資本－賃労働関係」の維持によってしか自らを維持することができないということも強調しておきたい。資本が資本であるためには、賃労働の存在が不可欠であり、それに従事する賃労働者の存在がなければばならない。つまり、資本の本質からみる至上命題は、賃労働者から搾取することよりも「資本－賃労働関係」の維持にこそあるのである。先に述べたことの繰返しになるが、資本にとっての「統治」とは、「資本－賃労働関係」の維持であり、それこそが資本にとっての「社会秩序の維持」に他ならない（詳細な分析については、志賀（近刊）を参照いただきたい）。

ただし、その安定的統治のために様々な手段を講じることは、資本にとってはコストになるため、このコストをできるだけ少なくできるような努力が払われることになる。具体例として、資本家階級による労働組合の禁止等、労働権の確立を阻止しようとしてきた歴史をみるべきであろう。それ以外の身近な例でいうと、生活保護バッシングもそのための手段の一つである。ここで挙げた諸事例に共通しているのは、労働者階級を分断させて統治するという方法である。資本にとって最も厄介なのは、労働者階級の人びとが連帯し、自由・権利を主張することである。注意しておかねばならないのは、「資本－賃労働関係」という人びとの社会関係は、社会構造として展開しているので、それに対する個人的挑戦による変革はほとんど不可能であるということである。社会構造を変革していくためには、労働者階級による社会横断的連帯にもとづく要求運動が不可欠である。

（4）社会構造に目を向けない貧困研究の弊害

貧困をはじめとする生活問題をめぐる日本の先行研究の方法は、当事者に焦点化することが多いため、ここで論じているような「労働者階級による社会運動」という点を強調することが少ない。とくに近年はその傾向が顕著である。当事者に焦点化するほど、当事者に内在するであろうと予測した何らかの「課題」を発見しようとし、その「課題」を当事者自身が克服するための支援を試みようとする[8]。だが、そうした試みがいかに当事者に寄り添おうという態度をみせたとしても、資本主義批判の視点を含まないならば、貧困の自己責任論を追認してしまう可能性が高い。

貧困や格差を生み出すものは、個人に内在する特性や個人の振る舞いではなく、「資本－賃労働関係」であるという理解から出発する必要がある。もちろん、個人的経験の範囲でみれば、当事者の生活における怠惰や不摂生などの非合理的にみえる行動が貧困や格差の引き金になっているといいたい人もあるだろう。だが、そうした非合理的にみえる行動は、当事者の人間本性に根差すものというよりも、社会関係のなかで方向づけがなされているとみるべきである。

「資本－賃労働関係」から貧困や格差が生じるのであれば、それらの諸問題を根絶するために不可欠な条件は「資本－賃労働関係」にアプローチすることである。別の表現をするならば、「資本－賃労働関係」を維持しながら生活問題の根本原因にアプローチすることはできないということである。

これまでの歴史のなかで、貧困問題や格差問題に対する資本の責任追及の声は定期的に世界のいたるところで噴出し、そのたびごとに注目されてきた。資本の側も、それにこたえざるをえない状況にまで追い込まれることがしばしばあった。そのような状況において、「資本－賃労働関係」を永遠化したい資本は、「統治」と矛盾なく貧困や格差を議論するために、階級論ではなく階層論[9]に終始するという方法を見出した。階級論と階層論の決定的な違いは、「資本‐賃労働関係」の視点の有無である。

私は階層論によって得られたものがまったくなかったというつもりはない。だが、階層論に終始することに対して批判的であり続けることができなかった貧困論や福祉をめぐる議論は、結果として、資本の「統治」の論理にも批判的であることができなくなっている側面がある。それどころか、貧困論を展開する者や福祉関係者の善意を媒介にして「統治」の論理はより強化され続けている。たとえば、子どもの貧困問題に対する多くのアプローチは非常にわかりやすい典型的事例である。日本において子どもの貧困問題の理論的牽引役や実践的牽引役であるとされる人びとが、子どもの貧困対策を「投資」であると位置づけるような言説を提示するということ、あるいはそうしたアプローチに対して無批判的に受容してしまっているということがしばしば見受けられる（その弊害については後述）。

強調したいのは、階層論に終始するだけでは貧困の自己責任論に無力であるということだけではない。本書第1部・第2部を通して論じてきた各々の限界性は、既存の議論のなかに「資本－賃労働関係」の視点がなかったことが原因の一つとしてあるのだということである。本章冒頭においても注意喚起したように、階級論と階層論は相互排他的なものではなく、補完関係にあるものである。しかし、渡辺（二〇〇四）に指摘されているように、日本の社会科学は階級論と距離を置くようになっており、福祉に関する学術的議論もその例外ではない。そして、そうした学術的議論の風潮は、福祉政策にも影響し、否定的現実を消極的に追認している。

3　連帯と「資本－賃労働関係」の視点の必要性

既存の福祉的議論や実践の限界性を克服するためには、資本による「統治」によって強力に助長される分断に対抗することを可能とする視点を福祉的議論や実践のなかに位置づけることが必要である。資本による「統治」に対して、労働者階級は社会横断的な連帯によらねば対抗できない。社会構造上の問題に対応したり、社会構造の変革を試みようとする場合、個人的力ではなく社会的力が必要になる。本節では、階層論と階級論を比較しながら、前者に終始することの弊害について具体的に説明していく。

(1)　階層論では見出すことが困難な連帯の契機

「資本－賃労働関係」の視点のない階層論に終始するだけでは、貧困や格差に対応するための連帯の具体的契機を見出すことが困難である。なぜならば、階層論は人びとが「階層化」している事実を明らかにし、階層移動を後押ししたり防止する等の対策は可能であるものの、問題の根本原因にはアプローチしないからである。下方への階層移動を防ぐことができ、過度な階層間の格差を政策によって是正することができればそれでいいのではないかという指摘もあるかもしれないが、そうした指摘には決定的に欠落している視点がある。それは、貧困や格差に対応する制度・政策を支え、そうした対応が確実になされているのかどうかを注視する人びとの存在である。

階層論は、格差拡大や貧困化の原因である資本の振る舞いや「資本－賃労働関係」という社会関係に注目するのではなく、階層区分され序列化された人びとの特徴をみる。人びとの社会関係に内在する利害関係をみるわけではない。したがって、階層論においては、連帯も分断も理論的に定位させることができないのである。そうした手法から導出されるのは、階級中立的であると自認してはばからない制度・政策のアイデアである。そのアイデアは階級中立的であることを自認するかもしれないが、現にある社会関係に対して不可触のものとしている時点で、現状追認の機能を果たすことになる。それだけでなく「資本－賃労働関係」の視点のない階層論によって、いかに素晴らしいと思えるようなアイデアが提示されたとしても、現実の社会関係が階級中立的なものではないということを看過しているという意味で、現実の具体的事実から出発することを要件とする科学の姿勢とは距離があるといわねばならない。

階層論に偏重することによる弊害は他にもある。日本では「一億総中流意識」が醸成されてきたことは周知のとおりである。一億総中流意識は、事実としての一億総中流の生活状態を意味するものではない。認識と事実が異なっていることは、すでに橋本（二〇一八）によって実証されていることである。この一億総中流意識は「資本－賃労働関係」における対立関係を認識させないようにすることに貢献した[10]。その結果、両階級一丸となって経済成長をめざし、全体の生活状態を浮揚させていくことが必要なのだという言説が人口に膾炙した。日本では高度経済成長期にそれが盤石化された。現在でもなお、経済成長という前提があってこそ生活保障があるのだという言説が人びとに強力な影響を及ぼしているのは、階級論の後退と階層論への偏重が原因の一つであると私は強調したい。こうした言説が当たり前のものとして人びとに受け入れられてしまうと、財政が人びとの権利に先立つという弱者切り捨てにつながる考え方が何の抵抗もないまま醸成されてしまう。

すでに言及したように、「資本－賃労働関係」の視点を欠落したまま貧困や格差を議論するという態度は、近年、とくに顕著になったが、それは近年だけにみられる傾向ではなく、一九世紀イギリスにおいて貧困問題が理論的に議論され始めた当初から継続しているものである。

福祉関係の教科書では、チャールズ・ブースという人物が貧困調査を行い、これにもとづいて貧困問題への科学的対応が可能となったのだとされている。そして、その後の貧困論は、ブースの方法をより洗練し、主観性や恣意性をいかに排除し客観性を担保するかに腐心してきた。一方で、ブースが資本家であり、彼の貧困調査の動機が「資本－賃労働関係」の維持であったことは言及されることはあっても、それが主たる批判的検討の対象とされることはなかった。ブースは、当時頻発していた労働者階級による労働運動をはじめとした社会運動に対する危機感をもっており、「統治（＝「資本－賃労働関係」の維持）」の盤石化を目的として調査にあたったが、その目的に対する方法論として採用したのは「資本－賃労働関係」に直接介入するのではなく、これを無視し、階層論的に議論するというものであったのである。ブースが採用した方法は、「人格化された資本」としてまったく合理的なものであった。この事例によって私が言いたいことの一つは、「客観的」であることがただちに「中立性」を意味するわけではないということである。

ブースの以上のような方法と目的によって導出された結論は、ある一階層の人びとが他の人びとの貧困化の原因であるため、その階層の人びとを労働市場から合法的に排除し管理すべきであるというものであった。その具体的な手法として、救貧法（当時の生活保護のようなもの）の充実が提案された。ここで注目すべきは、ある一階層が人びとの貧困化の原因であると断定することで、他の階層の労働者と資本家のあいだに共通の利益が成立するということである。すなわち、資本家にとっては社会秩序の維持（＝「資本‐賃労働関係」の安定的維持）という利益であり、ある階層を除く他の労働者階級の人びとにとっては労働者相互間の競争抑制による労働条件の向上（つまりそれは生活状態の向上の一条件）という利益である。こうして、両者の共通の利益のために、ターゲットとされた階層の人びとの管理とそれらの人びとに対する制度の管理に対する動機が芽生えることになる。これは、階層論に終始する限り、連帯は分断に、階級間の対立という現実は共通の利益という幻想に置き換えられる可能性があることを示す一つの事例である。

以上のように、階層論に終始するだけでは、連帯のための理論的契機を見出すことは困難であるだけでなく、意図せずして労働者階級の分断に加担してしまう可能性が高くなってしまうのである。

（2）「失業者・半失業者」概念と「相対的過剰人口」概念

本節では、階層論的議論に終始することによるデメリットについて、二つの概念を対比させながらさらに説明していきたい。この説明は、すでに論じてきたことと重複する部分が多くあるが、二つの概念を比較することでさらなる理解の深まりに貢献するものとなる。

ここで登場する二つの概念は、「失業者・半失業者」と「相対的過剰人口」である。前者は階層論的概念であり、後者は「資本－賃労働関係」の視点を含む階級論的概念である。

「失業者・半失業者」は、雇用に十分にありつけない人びととしてカテゴライズされたもので、そのカテゴリーに属する人びとに対しては、「支援」「援助」がなされる。「失業者・半失業者」概念を使用した貧困論や格差論は、すでに本章でも述べたように、当事者の行動変容を促進するための議論に至りつくことが圧倒的に多い。これに抗おうとしても、そうした理路しかほとんどひらかれていないのが現実である。この現実を無視して当事者に寄り添うという姿勢を堅持しようとすれば、それは論理的整合性の欠ける感情的振る舞いにみえてしまう。

他方、「相対的過剰人口」という概念は「資本－賃労働関係」を分析するなかでマルクスによって提示されたものである。相対的過剰人口とは、「資本の中位の増殖欲求にとって余分な、それゆえ過剰または余剰な労働者人口」（マルクス 一九八三：一〇八三）のことである。相対的過剰人口は、正規雇用従事者として資本に貢献するわけではないが、現役の雇用従事者に対する規律強化、労働環境や労賃の引き下げを可能としたり容易化したりするために、資本にとって必要な存在である。[11]

相対的過剰人口概念は、賃労働に対する資本の関係まで含む概念であるが、当概念を使用して格差や貧困に対する議論を展開するならば、資本の振る舞いに対する視点が生じ、当事者（失業者や反失業者）の内在的課題という問題設定に終始することにはならない。

ここでは「資本‐賃労働関係」の視点を含む議論は、その視点を含まない議論とはまったく別のアイデアや理解に至りつくということを強調しておきたい。貧困論に階級的視点がない場合、すでに言及したように、そこから提示される貧困対策は個人の内在的課題に対する支援や援助という視点に終始し、その視点にもとづく地域の取り組みが重視され、さらに制度・政策はその地域を応援すると同時に選別の結果として見いだされる残余的な人びとに対応する最小限の機能で事足りるものだという極端な理解でさえも正当化してしまう可能性がある。仮にそれが積極的な正当化でないにしても、消極的な正当化に与してしまう可能性が高く、むしろそれが善意や使命感に依拠している場合、批判的検討をますます困難なものにしてしまうのである。

4　資本主義批判をともなう社会運動

生活問題に対応するために必要なのは、制度・政策だけではない。制度・政策が形成されたとしても、それらが実質的に人びとの諸権利を保障するものとはならないこともしばしばある。たとえば、その制度・政策の運用（現金給付・現物給付を含む）のために必要な予算付けが十分になされないということが考えられる。近年の社会保障政策や社会福祉制度の運用にかかわる予算の抑制あるいは削減傾向がすぐに思い出されるだろう。年金制度はあるが給付額が減少し生活がままならなかったり、生活保護制度はあるが給付額基準の引き下げによって人間としての生活が抑圧されたり、それ以前にそもそも捕捉率が低いにもかかわらず制度利用の抑制が企図されるなど、例を挙げればきりがない。

本節では、具体的に以下の三つの批判的論述を通して、「資本‐賃労働関係」の視点をもった議論と社会運動の重要性を主張する。

第一に、「エリート主義的制度尊重主義」と私が呼んでいる態度に対する批判である。制度・政策があるだけで満足してしまうような態度、制度・政策を形成することを善意のエリートに依存する態度、自分自身が善意の政治的エリートであることを自認し、他者に対するパターナリズムに無批判的な態度、これらいずれの要素を含むものとして私は「エリート主義的制度尊重主義」と呼んでいる。エリート主義的制度尊重主義は、階層論的議論に終始する人びとやそれに対して批判的でない人びとが陥りやすい罠である。

第二に、予算と社会保障制度・政策の関係性について、財政的な議論が人びとの生活保障にかかわる問題に先立つのだという、明らかに国際社会における人権をめぐる社会規範の方向性と不整合的な理解に対する批判である。私は財政学の専門家ではないため、この分野に対する詳細な議論を行う能力はないが、そうした詳細な学術的議論を行うまでもなく、人権と生活の保障のために予算編成がなされるのか、それとも財政健全化のような目標が人権と生活保障に先立つのかについての議論について、「資本－賃労働関係」の視点を含む貧困研究の立場から検討していきたい。

第三に、「資本－賃労働関係」のなかで生産される価値規範に対する批判である。「資本－賃労働関係」という社会関係において、資本が相対的に強力である場合、資本にとって有利な価値観が人びとに内面化される傾向性がより強力になる。こうした価値観を相対化するためには、資本の振る舞いから人間性を取り戻すという、対抗軸を意識した社会運動が必要になってくる。

（1）エリート主義的制度尊重主義批判

「エリート主義的制度尊重主義」とは、制度・政策があるだけで満足してしまうような態度、制度・政策を形成するために過度に善意のエリートに依存する態度、自分自身が善意の政治的エリートであることを自認し、他者に対するパターナリズムに無批判な態度のすべてを指すものである。

エリート主義的制度尊重主義は、主に以下の二点のネガティブな要素がある。

まず第一に、制度・政策の形成はそれだけでゴールなのではなく、その実際上の運用が重要なのであるにもかかわらず、そのような視点を持つことを阻害するということである。たとえば、日本には貧困に対応する制度・政策として生活保護制度があり、それによって最低生活が保障されているので貧困は日本にはない、あるいはあるとしてもそれは制度を利用しない当事者の自己責任なのだという主張の形成につながる。つまり、制度・政策があるのだから、あとは自己責任だという安易な理解を招くということである。また、このような安易な理解に則って、生活保障をめぐる公助機能の不十分性に対するエクスキューズとしてしまうこともある。

第二に、自分自身が政治的エリートを自認することで、生活問題に対し、人びとがついていくことのできないほど複雑化した技術的議論を展開し、連帯の形成を阻害するという要素もある。精緻な議論を展開しようとすれば、ときとしてそれが複雑なものとなることがあるのは否定できないが、複雑な技術論的議論に終始することはしばしば人間生活の事実から乖離してしまう。ここでの問題は、単に議論が複雑であるということにあるのではなく、現実の人間生活の事実から乖離した議論に終始してしまうことにある。たとえば、年金給付の引き下げ問題や生活保護基準の引き下げの問題について、政府は複雑な計算方法にもとづいてこれを正当化しようとしている。これに対して異議申し立てしようとする人びとが、政府の複雑な計算方法にもとづく技術論的議論という土俵のうえでのみ議論していくことは、大部分の人びとにとっては、自分の生活との関係性に関する実感を薄れさせせられてしまうことで、関心を後退させられ、連帯の契機を喪失させられてしまう。

この第二の点については重要なので、もう少し詳細な説明しておきたい。ここでいおうとしていることは、科学的議論と技術論的議論は常に重なり合っているわけではないということでもある。生活問題を社会科学的に議論しようとするならば、それは具体的な人間の具体的な生活という「事実」から出発せねばならない。貧困問題の議論もしかりである。しかし、貧困対策としての生活保護基準をめぐる議論や生活保障水準をめぐる議論になると、途端に、具体的な人間生活の事実から乖離した技術論的議論に飛躍してしまうことが多い。

具体的な例を一つ挙げると、どの程度の現金給付があれば人びとは最低限度の生活を送ることができるのかという議論にその傾向が看取される。なるほどそうした最低生活保障のための所得水準を明らかにしようとする試みは必要なものであろう。だが、それが人間生活から乖離し、科学ではなく科学的偽装になりさがってしまうことには細心の注意を払っておかねばならない。生活保護基準を決定する算定方式についても、あるいは逆にそれを批判的に検討し新たな算定方式を提案しようとする議論ついても、現実の人間の具体的な生活から出発するのではなく、抽象的な人間モデルを措定し、そうした人間の仮想的な生活から出発することが多い。このような算出過程の議論は、人間の消費生活を中心に議論しているという点（すなわち人間の全生活的なあり方ではなく、人間生活の一局面を抽象しているという点）で具体的な人間生活から乖離し始め、実在する当事者の手の届かないものになる（つまり、当事者の声の定位を困難にする）という点でその乖離を決定的なものとしてしまう。こうした技術的議論に終始することは、それが善意によるものであろうとそうでなかろうと、人びとの関心を薄れさせ連帯の契機を喪失させてしまうことに貢献する。

非常に厄介なのは、第一・第二に指摘したことが同じ現実のなかで同時に起きていることである。詳細に分析すれば、始まりはいずれかの要素からであろうが、いずれが事の発端であるのかについては本章の論述にとっては重要でない。ここで重要なのは、上記の二つの局面が同時に起きることによって、連帯への可能性がより抑制されてしまうということである。エリート主義的制度尊重主義は生活問題に関する技術論的議論に終始した結果であるとともに、その原因でもある。

(2) 制度・政策の予算に関する批判的検討

しばしば、国や地方の財政状況がひっ迫しているので予算付けが厳しいのだという主張を耳にする。しかし、このような理由によって生活保障が抑制されることは果たして妥当性があるのか。多くの人は、それは倫理的にあってはならないことだとこたえるだろう。しかしそれを認めつつも、人びとのなかの決して少なくない者が現実主義者を自称し、財政状況を健全化させるため「仕方のないことである」と割り切ることがある。

ここでの問題の焦点は、人びとの生活基盤を脅かしてまで財政に配慮せねばならないのか、それとも、人びとの生活保障に関する理念に財政政策や予算の優先順位を合わせていくのかということである。

この焦点化された問題は、「資本-賃労働関係」が一つの手掛かりになる。資本の第一の関心事は自己増殖に関連する事柄であり、労働者階級の生活ではない。その一方、労働者階級に属する人びとの第一の関心は、自分自身の生活それ自体とその将来にわたる安定性である。両者の第一の関心が一致していないばかりか、資本の第一の関心にもとづく合理的な実践を貫徹しようとすれば、労働者階級の第一の関心事である生活にかかる諸費用は資本にとってのコストとみなされる。労働者階級の人びとにとって、通常、より充実したいと考えるであろうものが、資本にとってはできるだけ抑制したいと考えるコストになるのである。

したがって、たとえば、貧困問題にとって重要な「最低限度の生活」とは何かという議論における「最低限度」は、上記のような葛藤関係から、両階級の間で観念するものがまったく異なるものにならざるを得ない。基本的に資本にとっての「最低限度」とは、統治のためのコストの最小限度を意味するものとして観念される。一方、労働者階級にとっての「最低限度」は、「せめてこれだけ保障されねば、生活は安定しない」という意味で、資本が観念するところの「最低限度（最小限度）」とは異なる。資本は最小限度の水準のさらなる切り下げに注力するのに対し、労働者階級の人びとにとっての利益は最低限度保障されるべき水準を向上させ、ディーセントであると判断される水準にまで向上させることである。

以上のように、両者の利益は共通せず、むしろ対立・矛盾・葛藤の関係にあることが理解できる。労働者階級に属する人びとが保障される最低限度の生活水準を向上させようとすれば、このような対立・矛盾・葛藤に自覚的にアプローチを試みる連帯を実現していくことが必要である。この連帯形成を阻害する言説が、所与の予算をア・プリオリなものとし、その制限内でのみ生活保障の議論を展開しようとするものである。

こうした議論展開のあり方に対して、社会的不利性を余儀なくされている人びとの立場に立つならば明確に拒否的な態度をとる必要があるだろう。そうしなければ、財政か人権かという優先順位をめぐる議論が必至となった場合に、人間の権利を擁護することが不可能になってしまう。人間としての権利を擁護することを諦め、資本にとっての「財政的健全性」を優先させた時点で、現実の人間の生活問題という具体的事実から出発する科学的政策論や実践論は終わり、かわって特定の人間モデルの仮想的生活という抽象から出発する疑似科学が居座ることになる。そうした疑似科学としての生活問題にかかわる議論は、資本に貢献することはあっても現実の人間の幸福追求のための自由拡大とは無関係のものとなってしまうだろう。既存の税体系のあり方と予算を、所与のものとして受け入れ、そこに人間生活を合わせていくという主客の転倒は、抽象的人間モデルを基本とするために、実際の人間の多様性是認に反する差別や人権侵害の温床ともなる。

(3)「資本－賃労働関係」のなかで生産される価値観の相対化

「資本－賃労働関係」において生産されるのは商品だけではない。価値観もそのなかで生産される。たとえば、資本の力がより強力になれば、資本の利殖という目的に直接貢献するこができ、なおかつより効率的にその目的を遂行し続けることができるという人間モデルが称揚されることになる。「資本－賃労働関係」の視点を欠落した議論は、こうした価値観に対する拒否の姿勢を表明することはできるかもしれないが、それを批判し相対化するためのことばを持つことはできない。

上で例に挙げた人間モデルは、資本にとって有用であり、経済的生産性が高いということをその要件としている。「資本－賃労働関係」が社会の隅々にまで行き渡ると、そうした生産性が高いとされる人間こそが、この社会であるべきであるとされるようになる。逆に、そうした人間モデルから距離

表　「投資アプローチ」と「well-being アプローチ」

	投資アプローチ	well-being アプローチ
政策	選別主義的	普遍主義的
目的	経済的リターン （子どもは手段）	子どもの人格・幸福
期待される人間モデル	強い個人	なし・ 特定のモデルは期待しない
社会に対する影響	排除型社会（分断）	包摂型社会（連帯）

出典：志賀信夫（2018）

がある人間は、相対的過剰人口部分として資本にとって有利な機能を果たすことはできるが、人間個体としては軽視されることになる。こうした人びとが貧困状態に陥ったとしても、大抵は、資本の意に沿うような能力の形成を達成できなかった個人の責任とされてしまうだろう。

ここで説明しているような資本に有利な価値観は、「資本－賃労働関係」において直接的に生産されるものだけでなく、生活問題への対応を通して助長されることもある。このような逆説的な現象に関する具体例として、子どもの貧困問題対策は格好の材料である。子どもの貧困問題への対応の必要条件は、経済的対応を行うことであるが、この経済的対応を「投資」に置き換えようとする考え方がある。子どもの貧困対策として必要な経済的対応の側面を「投資」に置き換えることによって生じる問題は、表のように整理できる。表は、子どもの貧困対策を「投資」として位置づけるか、それとも子どもの人権の尊重や「幸福（well-being）」を第一に考えるべきものとして位置づけるかという視点からの対照表となっている。

「投資」は資本の利殖という要請に直接的に貢献できるかどうかという視点から子どもを「選別」する。ここで選ばれることができた子どもは、将来、「昔は苦労したがいまはこんなに立派になりました」というサクセスストーリーの語り手として、再利用されることも多い。貧困の元当事者をして貧困の自己責任論強化に貢献させるということが生じるのである。このサクセスストーリーが本人の口から露骨に発されることはそう多くないが、様々な機会を得て、他者から語られ、人口に膾炙する。さらに、そうした語りは資本の要請にそくした人間モデルの浸透と相乗効果を発揮し、「投資」アプローチをさらに助長することになる。その結果、資本の要請に直接的に沿うことができない人びとは、ますます周縁化されたり排除されることになる。そのなかで、稼働能力がないと判断された障害者や高齢者の人権は軽視されてしまう可能性が高くなるだろう。

上述したような一連の過程は、「資本‐賃労働関係」において生産された価値観を、福祉制度がさらに助長・醸成させてしまうという一つの事例である。人びとが福祉や幸福に貢献すると期待している制度・政策が逆機能を果たしてしまう原因の一つは、上記の説明から理解できるように「資本‐賃労働関係」の視点が欠落していることにある。

5　おわりに

本章では、貧困問題をめぐる階層論的議論と階級論的議論の違いについて説明してきた。両者のあいだにある決定的な違いは、「資本－賃労働関係」の視点の有無である。後者にはそれがあり、前者にはない。

既存の貧困問題に対する理論的アプローチの多くは前者に依拠している。そうした先行研究や議論は、たしかに多くの成果を提示してきている。だが、「資本－賃労働関係」の視点が欠落していることが多かったために、貧困や社会的排除の当事者の行動変容に終始してしまう可能性を払しょくできなかった。もちろん、そうした議論の圧倒的大部分は貧困の自己責任論を否定的にとらえ、社会的責任を強調している。だがそれでも、本章で論じてきたように、それらの議論における自己責任論の否定と社会的責任の強調は「願望の表明」に終始してしまっていることがほとんどである。

また本章では、階層論的議論に終始することによって、社会運動に対する理論的貢献の可能性が低くなるということも指摘してきた。というのも、労働者階級が直面している社会問題の多くは、資本主義社会における「資本－賃労働関係」における利害の矛盾・葛藤が顕在化したものであるが、それにもかかわらず、「資本－賃労働関係」をみないならば、労働者階級を中心とする社会運動が具体的に何に対抗しようとしているのか、対立軸はそもそも何であるのかということを説明できないからである。

すでに論じたことの繰り返しになるが、本書全体が制度・政策のアイデアを提示するというものではなく、「資本‐賃労働関係」の視点の必要性を強調しながら社会運動に対する理論的貢献を試みようとするのは、善意の政治的エリートによって社会が変わるということを期待できないからである。丸山真男が「権利のうえに眠る者」を批判するように、また本章で「エリート主義的制度尊重主義批判」として論じたように、あるいは第2章（片田論文）における「議会という機関そのものには政治を動かしたり、変えていく力はない」という知見から理解できるように、善意の政治的エリートを待望するのではなく、自らの生活と人間性と自己決定のための「自由」「権利」を守ると同時に獲得していこうとする労働者階級による当事者を含む社会運動が重要なのである。こうした社会運動は社会変革が第一の目的ではない。自らの生活保障という要求が第一の目的である。自らの生活保障がなされるからこそ社会変革が達成されるのである。

貧困問題が「資本‐賃労働関係」から生じる問題であることは本章で言及してきたが、その「資本‐賃労働関係」は同時に、差別を固定化したり助長する役割も果たしている。それは、労働者階級を分断する資本による「統治」の一形態であると私は考えている。その具体例の一つについては、安里氏（第6章担当）が、この統治する側とされる側の関係性を生じさせる社会構造を「権力構造」と呼び、これへのアプローチの必要性を強調している。「権力構造」を維持しつつ、沖縄の人びとに一定額の所得を給付し続けるだけでは、彼ら・彼女らの自己決定の自由は確保されないのである。むしろ、差別されている人びとや地域に対する一定額の給付は、権力構造を温存（すなわち「統治＝資本－賃労働関係」の安定的維持）するための手段としてそれが機能してしまうかもしれないのである。これは、新自由主義下におけるベーシックインカム実施の危うさとも共通する問題を孕んでいる（詳細は佐々木・志賀編著（二〇一九）を参照）。

以上のことをふまえるならば、差別に対する社会運動は、反貧困運動や生活保障を要求する社会運動と共通する理由から、資本主義批判（それは本質的には「資本－賃労働関係」の絶対化傾向に対する相対化の試み）を必然的に含むものとなる。最近のＢＬＭ（Black Lives Matter）運動に資本主義批判が含まれていることも偶然ではなく必然である。したがって、あらゆる反差別の社会運動は反貧困の社会運動と共闘可能であるし、そうする必然性がある。生活問題を根本的に撲滅し、「ヒト」としてのみならず「人間」として安定した生活の保障を望むならば、「資本－賃労働関係」の視点を含んだ議論とともに、資本の無制限的な振る舞いに対抗する社会運動を展開していく必要がある。反貧困運動、反差別運動、労働運動、障害者運動などの種々の社会運動は、一見すると相互に関係のないもののようにみえるが、資本の振る舞いに対抗せねばならないという点は共通している。

これに対して、人格化された資本である人びとが企図するのは、「資本－賃労働関係」や階級の視点を喪失させることである。つまり、「資本－賃労働関係」や階級の存在を認識させないようにするためにあらゆる手段を講じ、種々の労働者階級による社会運動に分断を持ち込もうとするのである。

ＢＬＭに対してはＡＬＭ（All Lives Matter）を、沖縄−本土の権力構造の問題に対しては沖縄の地域独自性を、階級関係に対しては階層関係と一億総中流意識をというように。

【注】

（1）本書では、大きく労働者階級と資本家階級にわけて論じているが、このほかにも後藤・木下（二〇〇九）において論じられているような「小生産者階級（農民、自営業などの小規模な生産手段を持っているが、他人を搾取していない）」、渡辺（二〇〇四）において論じられているような独立自営層としての「中間階級」も存在する。

（2）戦後の貧困研究や社会福祉学の議論を振り返るならば、江口（一九八〇）の研究は非常に重要であり看過すべきでない。江口の研究は社会階層論に分類されるが、当研究においては「社会階層」概念と「社会階級」概念を区別しつつ、前者は後者の下位概念であるという整理のうえで、「固定化された過剰人口」部分として一定の社会階層が「貧困階層」として形成されていく資本主義の一般的傾向という理解が前提にある。つまり、それは階層論に終始する議論ではないのである。江口のような試みは今後とも引き継がれていくべきである。

（3）ここでいうところの「社会規範」概念は、「国民感情」概念とは異なるものとして使用している。社会規範は、正義、あるいは容認できない不正義の感覚と同様の志向性を持つものであり、国民感情はそうした一定の志向性はない。したがって、社会規範は正義の実現や不正義の是正に貢献することがある一方、国民感情は差別に傾くことがある。もちろん、国民感情が社会規範の方向性と軌を一にすることもあるが、それは偶然的なものであって必然性を持つものではない。差別を被った人びとや排除された人びとによって展開される社会運動や要求の実現は、その当事者の特殊利益に貢献するものであると理解されることがあるが、その特殊利益はただちに最低限度の自由の平等水準の向上と容認できない自由の格差（不平等）の是正に貢献するという意味で、一般利益になる。別の言葉でいえば、差別を被ってきた人びとや排除されてきた人びとの平等化の要求は、普遍化妥当性があるということである。

（4）ここで示しているのは、「現代の貧困」の定義であって、過去の貧困の定義（絶対的貧困、相対的貧困）でないことには注意していただきたい。

（5）「最低限度」の保障とは、「最低でもこれだけは」保障しておく必要がある、という意味で議論されるものであって、「これだけでよい」という意味合いは含まれていない。生活保障の歴史を俯瞰すると、「最低でもこれだけは」保障せねばならないという水準が、社会運動や社会的要請によって徐々に向上してきたことが理解できる。つまり、最低限度の保障水準を徐々に向上させ、最適水準にまでもっていこうという先人たちの絶え間ない努力があったのである。

（6）現代の貧困は「社会的排除」という概念から定義づけられるが、これは完全雇用が維持できなくなったこと、労働市場の柔軟化が進展するとともに女性の社会進出が促進されたことと関係がある。かつては、男性中心主義的労働市場と完全雇用がある程度達成されていたために、「男性が外で働き、女性が家を守る」という役割遂行型社会参加を可能とするような社会であった。だが、とくに一九八〇年代以降はそうした役割遂行型社会参加ではなく、上述したような社会状況の変化によって、自分自身の役割と居場所は自ら見出さねばならないというような自己決定型社会参加が重視されるようになってきたのである。自己決定しながら社会参加するということが重視されるということは、男性／女性として期待される役割を果たすのではなく、個人としての自由と権利が重視されるようになるという可能性が生じているが、その一方で、自己決定できないにもかかわらず自己決定を迫られてしまうという事態も生じている。自己決定できないのは、自己決定するための自由、すなわちそのための権利が形式的にはあっても、実質的に保障されていないからである。

（7）日本国憲法第九七条には以下のように明記されている。「この憲法が日本国民に保障する基本的人権は、人類の多年にわたる自由獲得の努力の成果であつて、これらの権利は、過去幾多の試錬に堪へ、現在及び将来の国民に対し、侵すことのできない永久の権利として信託されたものである」。ここで強調しておきたいのは、自由・権利の獲得という歴史的事実を再確認する作業がそこに明記されているということである。

（8）このことと関連して重要なのは、広瀬・桜井編（二〇二〇）である。同著は、既存の「自立」の強調を徹底して批判し、相互に「依存」することの重要性を主張するとともに、「自立」の強調によって奪われてきた人間性を取り戻すための抵抗や運動の実践例と重要性を論述している。ここで述べられている「自立」批判は、まさに私が本書で上述したような見解と重なるものである。私の知る限り、同著はこれまでに類例がなかった画期的な内容となっている。ただし、広瀬・桜井編（二〇二〇）と本書の大きな違いもある。同著には抵抗や運動の重要性は論述されているが、それが何を求めるどのような対抗軸を持った抵抗や運動なのかということが必ずしも理論的に十分に整理されているわけではない（もちろん、個別具体的なことについてはいたるところで言及されている）。これに対し、本書では、「資本－賃労働関係」という視点をもちつつ、自由の平等を求めて、資本の無制限的な振る舞いに対抗する社会運動の必要性を主張している。

（9）ここでいう貧困問題の階層論的議論とは、たとえば、所得の視点から人びとを階層化し、低所得者が階層移動するためにどのような要素が必要であるのかを追究し、それらの要素へのアクセス可能性を拡大していくというアイデア（機会の平等を主張することが多い）を貧困対策として主張するというものである。一見すると何の問題もなさそうであるが、上方への階層移動を促す最もシンプルなアイデアは富の再分配を行うということであるにもかかわらず、階層移動を促す他の諸要素（教育や就労）を見出そうとする場合が少なくない。最もシンプルなアイデアであるはずの富の再分配ではない、他の要素を見出そうとする場合、そうしようとする選択行為は価値判断をともなう規範的行為である。なぜならば、そこで見出されるであろうウェイトが高くなる傾向がある要素というのは、資本の利殖要請により適合するものとなっており、階層移動を促す諸要素は社会の競争と排除を助長する可能性を大いに孕むものだからである。

（10）階級という社会関係を温存するために、人びとに階級を意識させないようにするという統治の手法は、日本だけでなくイギリスにおいてもサッチャーが腐心したことであった。ジョーンズは以下のように指摘している。「サッチャーは、決して社会階級をなくそうとしたわけではない。ただし、どの階級に属しているかを国民に認識させたくなかっただけだ。『国家統合を脅かすのは階級の存在ではなく、階級意識の存在である』と一九七六年の公文書にもある。—中略—サッチャーは階級闘争を終わらせたかった—ただし、上流階級に有利な条件で」（ジョーンズ 二〇一七：六四五）。

（11）マルクス研究者である佐々木隆治によれば、相対的過剰人口は資本にとって主に二つの意味を持っているとされる。まず第一に「相対的過剰人口は資本にとっての『産業予備軍』をなし、資本がさらなる資本蓄積を推し進めようとする際に、労働力のプールとして重要な意味を持つ」。そして第二に「賃労働者にたいする資本の立場を一層有利にする」（佐々木 二〇一六：一六七）。

参考文献

埋橋孝文編著（二〇二〇、近刊）『福祉政策』ミネルヴァ書房。

オーウェン・ジョーンズ／依田卓巳訳（二〇一七）『チャヴ 弱者を敵視する社会』海と月社。

江口英一（一九八〇）『現代の「低所得層」（上・中・下）』未来社。

カール・マルクス／社会科学研究所監修・資本論翻訳委員会訳（一九八三）『資本論』新日本出版社。

今野晴貴・藤田孝典編著（二〇一九）『闘わなければ社会は壊れる：〈対決と創造〉の労働・福祉運動論』岩波書店。

後藤道夫・木下武男（二〇〇九）『改訂版 なぜ富と貧困は広がるのか——格差社会を変えるチカラをつけよう』旬報社。

佐々木隆治（二〇一六）『カール・マルクス——「資本主義」と闘った社会思想家』筑摩書房。

佐々木隆治・志賀信夫編著（二〇一九）『ベーシックインカムを問いなおす——その現実と可能性』法律

文化社。

Sen, A, K., 1992, Inequality Reexamined, Oxford University Press（池本幸生・野上裕生・佐藤仁訳（一九九九）『不平等の再検討　潜在能力と自由』岩波書店）.

Sen, A, K.,2009, The Idea of Justice, Penguin Books（池本幸生訳（二〇一一）『正義のアイデア』明石書店）.

志賀信夫（二〇一六）『貧困理論の再検討――相対的貧困から社会的排除へ』法律文化社。

志賀信夫（二〇一八）「社会福祉と子どもの貧困――投資アプローチとwell-beingアプローチ」『日本社会政策学会年報』第二五号、一一五～一二五頁。

志賀信夫（近刊）「階級関係から問う貧困問題」『社会福祉学』。

橋本健二（二〇一八）『新・日本の階級社会』講談社。

広瀬義徳・桜井啓太編著（二〇二〇）『自立へ追い立てられる社会』インパクト出版会。

丸山真男（一九六一）『日本の思想』岩波新書。

渡辺雅男（二〇〇四）『階級！　社会認識の概念装置』彩流社。

おわりに

本書は、今の日本社会において人びとの「権利」や「自由」は、本当に保障されているのだろうかということを問いかけたものである。戦後日本は、憲法により「権利」や「自由」の行使は保障されている。しかしながら、「権利」や「自由」について福祉実践の場でどのくらい意識されてきているのだろうか。そもそも、「権利」や「自由」が侵害されれば、それは侵害された人が自ら声をあげて、復権のために行動しなければならない。一方で、社会福祉が対象とする人びとは、社会的立場の弱い人である。こうした人は、「権利」や「自由」を自分で護ることや権利侵害に対して戦うような力すら弱い人も多い。社会的立場の弱い人の声に耳を傾け、福祉の向上を図るのが社会福祉実践の役割である。「ソーシャル・ケース・ワーカーがクライエントの支援だけではなく、クライエントにとって不利な環境を、クライエントの代弁者（advocator）となって、環境を改良するために、社会に働きかけるアドボガシー（advocacy）の機能を重視する」（高橋 一九八一：一二九）と示されるように、自ら環境を改善できないような人の権利を擁護するには、支援者が必要となる。本書は、代弁する機能を発揮するのはソーシャルワーカーだけでなく、広く社会福祉実践者ととらえた。

二〇〇〇年の介護保険制度の導入にあたり、高齢者に対する支援はサービスとなり、契約によって利用者が自由にサービスを選択することができるようになった。これにより、選択権や自己決定権は一層強調されるようになった。利用契約制度が推進され、利用者側に自己決定、自己選択が任されるようになった。そこで、判断能力に制約のある認知症高齢者や障害者、子どもに対しては成年後見制度が整備された。社会福祉実践において「権利擁護」という言葉が「地域福祉権利擁護事業」のなかで登場した。利用者の権利を擁護することを目的にした成年後見制度を補完する社会福祉事業である。しかしながら、ここでの利用者の「権利擁護」とは、財産管理や福祉サービスの選択・利用や契約締結上の自己決定の支援である（堀 二〇〇九：三〇-三二）。福祉サービスの供給主体の多元化および市場化を前提とした介護保険サービスにおいてサービス購入者の利益を守るという限定された範囲を規定したものとなってしまった。

アドボガシーは社会福祉実践者に限らず、その名のとおり弁護士や社会活動家、あるいは家族や友人などが権利を侵害されている当事者のために声をあげることである（堀 二〇〇〇：一五）。抑圧された人びと、社会的に立場の弱い人のためにまずは声をあげることである。声をあげた後には侵害された権利を護るために行動をする。環境を改善するために行動するのである。堀（二〇〇九：三）は「アドボガシーとはクライエントの権利擁護のために戦うことである」と明示した。社会福祉実践におけるソーシャルアクションである。

本書は「権利」「自由」保障実現のために、社会福祉の実践、司法、社会運動が担うべき役割について検討した。現代社会において、とくに社会的立場の弱い人ほど「権利」や「自由」は保障されているとは言えない。古くて新しい問題である。

毎年のようにどこかで起こる自然災害においても、最も影響を受けるのは社会的に立場の弱い人である。貧困は災害の影響を深刻にする。また、現状どこまで深刻になるかわからない新型コロナウイルス感染症による経済的打撃も社会的に立場の弱い人をさらに痛めている。貧困がますます広がり、予測がつかない。そうしたとき、誰が、いつ、どこで、自分で声をあげることができない人、助けてと言えない人の声に耳を傾け、手を差し伸べるのか。代わりに声を発すれば、その声に国は、行政は応えてくれるのだろうか。こうした問いに対して三部構成にて「できること」と「できないこと」について検討した。

第一部では、市町村子ども家庭福祉領域におけるソーシャルワーク実践や地方都市における地域を基盤にした実践についてのできることとできないこと（限界）について述べた。

社会福祉専門職は制度が改正されれば、支援内容が変更になる。専門職は目の前の利用者に寄り添い、傾聴し、当事者主体で実践する。それが専門職の価値であり、理念である。しかしながら市町村福祉行政、とりわけ児童福祉分野においては、児童福祉法の改正により求められる役割が規定され、虐待対応に特化していった。また、あくまでも世帯の自立支援が主となれば、親と子の思いに耳を傾けても、「自立」支援に結び付かないような支援は優先順位が低くなり、親子の思いには寄り添えない。

第二章は、地方都市のＮＰＯ活動は先駆的であればあるほど、予算面での裏づけを持たなくなる点について論じた。行政とコミットすれば支援内容は規定され、結果的に支援できない人が出現する。

制度の隙間、狭間に目を向けて活動すれば公費の支援が遠のいていく。結局、制度の隙間、狭間問題に対して公的福祉では担うことができないというジレンマと向き合いながら「できることを、できるときに、できるだけ」になる。しかしながら、こうした活動を続けていくことに意義があり、目を逸らしてしまえば、その時点で問題は潜在化する。活動しているからこそ可視化され世間に問うことができるのだろう。

第二部は、司法の分野において弁護士が実践する社会保障裁判は現行社会保障や行政の政策実施における運用面を変える可能性と限界および政策形成に与える訴訟について論じた。

社会保障裁判は、勝訴判決が行政に与える影響が大きいことはもちろんだが、たとえ敗訴となっても、裁判を進めるプロセスにおいて社会的な関心が高まることや、裁判の争点を市民に広く知ってもらうという意義がある。さらに原告一人で戦うことは不可能であり、裁判闘争を通して支援団体が原告を励ましながら市民社会に発信し、理解を求めていく。こうしたことが、たとえば生活保護基準の引き下げが他人ごとではなく、生活保障の基盤の引き下げになることを訴え、市民社会への問いかけになる。よって、社会保障裁判は政策形成に大きく寄与する政策形成訴訟と言える。前述のように原告や当事者集団および弁護士だけでなく市民社会の理解を得るプロセスが裁判の行方にも影響する。しかし、こうした社会保障裁判は長期化し、当事者の経済的、精神的、身体的な負担が大きく中断する場合も少なくない。また、苦しいのは当事者だけではない。同じように苦しい人びとに十分に争点が伝わらないと、根本は同じ構造からの困難であるにもかかわらず、当事者間に分断が起こる。たとえば、年金額引き下げの問題であれば「年金受給世代」と「現役世代」が、生活保護裁判であれば「生活保護受給者」と「非受給者」が対立してしまう。争うべきは権利侵害をそのままにしている福祉行政であり、問うべきは社会であるにもかかわらず、分断とバッシングにより運動が広がらない限界について論じた。

第三部は、権力構造や資本−賃労働関係という社会構造に批判的な視点を持つ社会運動の必要性を論じた。沖縄の貧困問題は沖縄の基地問題と切り離しはできない。「普天間基地返還のためには辺野古が唯一の解決策」という政府説明と「沖縄に要らないものは本土にも要らない」という基地反対の主張は、沖縄における問題の本質を見えにくくしている。なぜ沖縄が引き受けるのかということが問題の本質である。米軍基地の反対運動は日本の各地で起こっている。しかし、沖縄だけが同じように反対しても、本土の理解が得られないために米軍基地を引き受けざるを得ない状況となっている。これは戦後に経済発展を遂げた本土との経済格差を背景にした権力構造が問題の本質である。

沖縄では、経済振興による貧困解消を突きつけられることにより、基地擁護派と反対派とに分断が起こっている。実際には、観光や産業振興の恩恵を受けるのは一部の人である。恩恵を受けた人とそうでない人が対立する。このように分断が起こると、本当は国民的な議論が必要なことであるにもかかわらず、当事者以外の人びとへ議論と運動の発展につながらない。こうした現状を打破するための「辺野古米軍基地建設のための埋め立て賛否を問う県民投票（以下「県民投票」という）」とその後の「新しい提案」実行委員会が全国一七八八の市区町村および都道府県に行った運動は基地問題に対しての本土との分断を解消する契機になる。社会運動を続けていかなければ、本土か沖縄かという議論として片づけられる。このままでは、沖縄だけが一方的に基地問題と貧困問題を引き受けかねない。

第7章において、社会運動と貧困問題について本章の問いに対するまとめを論じた。貧困は人びとの生活に潜み、さまざまな問題を引き起こす。今日の社会では、生活問題に対応するのは個人であり、サービス提供を受ける、誰かの支援を受けるということを「自己選択」した人には、支援が届く仕組みになっている。つまりは、権利と自由を得ることすら、「自己選択」を前提とする。貧困とは自分自身が追求したいと思う幸福を追求するための権利の不全、自由の欠如と定義している。権利と自由の抑圧こそが「自己決定」をする手段を剝奪し、排除の構造を生み出していると論じた。「権利」や「自由」は与えられたものではなく、戦わなくては得ることができないという前提にたっている。憲法で保障された「権利」と「自由」がなぜ、戦わなくては保障されないのか。冒頭に「アドボガシーとはクライエントの権利擁護のために戦うことである」と示したように、常に声をあげ続けないと、抑圧され、排除と差別の構造から脱却できない。その要因は、長く階層論に立脚し、資本－賃労働関係から目を背けてきたことにあると論じている。

一億総中流意識は富裕層とともに中間層と貧困層が中流意識を共通に持ったことから、対立軸を持たないまま、資本家階級と労働者階級の不均衡な権力関係を構築したにもかかわらず、中流だと認識していた。気づけば中間層の底が抜けていた。結果として格差の拡大は突出した富裕層と貧困層の広がりを生んだ。中流意識を捨てきれない落ちた中流層は、最貧状態の人との違いを意識し、分断が生まれる。そこで、階層論でなく、階級論の議論の必要性を説いている。

令和になり、貧困はさらに固定化している。第2章で論じたように、地方都市では固定化した勝ち組が政治的発言を強めている。固定化は階級の固定化であり、最貧の状態の人への差別や排除によって、分断を産み、社会運動の高まりを阻害する。人びとが最も不遇で抑圧された人びとと分断するのは、自己責任論が根強く下支えするからだ。「優良な納税者」を優遇した政策は予算の有効な配分、適正な配分を推奨する。社会に役立つ税の執行である。したがって、貧困対策は効果的で有益なものに対して資本を投下する、いわゆる「投資」と効果の議論である。自立の可能性や努力が見えるものが優先される。今日の資本‐賃労働関係では、資本の増加というより、サプライサイドによる資本にとっての活用が強調される。原則経済下ではコスト削減、適正配分が重要課題である。福祉予算で考えれば、自立の可能性や努力が見えるものへの投資が優先される。そこには、すべての人への「権利」と「自由」の議論はない。だからこそ、うっかりすれば、すぐに剝奪される権利と自由である。戦わなければ護ることができないのである。

最後に、今、わが国は未曽有の経済不況を迎えようとしている。収入の減少、失業、環境の激変による生活破綻に加えて、過度の精神的なダメージ、子どもの教育環境の格差、高齢者の活動不足や閉じこもり、孤立など今後の状況が読み取れないほどになっている。こうした問題を国民一人ひとりが共有し立場の弱い人びとへの共感と理解が広がるだろうか。今のままだと、個人の問題となり、個人がお金を借りる、社会資源を活用する。できない人はそのままになる。生活困窮状態の人びとが自己責任と自己努力によって生活再建を迫られることになる。その解消のためには、問題発信と連帯による社会運動の高まりが必要となる。困窮者の問題は市民一人ひとりの問題である。この共有が達成できるかどうか、そこに専門職としてのソーシャルアクション、弁護士や司法書士も含めた相談会やその発信、地域福祉実践からの発信による合意形成と弱者に対するまなざしが必要となる。

〔田中聡子〕

参考文献

高橋重宏・宮崎俊策・定籐丈弘編（一九八一）『ソーシャル・ワークを考える　社会福祉の方法と実践』川島書店。

西尾祐吾・志水隆則（二〇〇〇）『社会福祉実践とアドボガシー　利用者の権利擁護のために』中央法規出版。

堀正嗣・栄留里美（二〇〇九）『子どもソーシャルワークとアドボガシー実践』明石書房。

安里長従（あさと　ながつぐ）〔第6章〕
司法書士。沖縄生活保護基準引下げに基づく保護費（減額）処分取消請求事件弁護団事務局長、「辺野古」県民投票の会元副代表、石垣市平得大俣地域への陸上自衛隊配備計画の賛否を問う住民投票実施義務付け等請求事件弁護団事務局長、全国青年司法書士協議会人権委員、同憲法委員、NPO法人消費者ネットおきなわ理事、沖縄県憲法25条を守るネットワーク事務局長。主な著書・論文に『沖縄発　新しい提案～辺野古新基地を止める民主主義の実践～』（共著、新しい提案実行委員会編、2018年、ボーダーインク）、「貧困・雇用　沖縄経済を読み解く〈1〉～〈17〉」（2017年、琉球新報）などがある。

志賀信夫（しが　のぶお）〔第7章〕※編者
県立広島大学保健福祉学部講師。博士（社会学）。専門は貧困理論、社会政策。主な著書に、『ベーシックインカムを問いなおす―その現実と可能性』（佐々木隆治・志賀信夫編著、2019年、法律文化社）、『貧困理論の再検討―相対的貧困から社会的排除へ』（単著、2016年、法律文化社）などがある。

著者紹介

酒井珠江（さかい　たまえ）〔第１章〕
スクールソーシャルワーカー。知的障がい児通園施設、保育士を経て、市福祉事務所設置の家庭児童相談室家庭相談員を21年間努める。2018年より現職。社会福祉士、精神保健福祉士。

片田正人（かただ　まさと）〔第２章〕
NPO法人「結い」事務局長。宮崎県日向市において、生活困窮者支援等を行ってきた。主な著書に、『地方都市から子どもの貧困をなくす―市民・行政の今とこれから』（畠中亨・志賀信夫編著、2016年、旬報社）、「地方で取り組む子どもの貧困」（月刊誌『教育』2018年6月号、2018年、かもがわ出版）。

田中聡子（たなか　さとこ）〔第３章〕※編者
県立広島大学保健福祉学部教授。博士（社会福祉学）。専門は、地域福祉論、公的扶助論、社会政策。主な著書に、『子どもの貧困／不利／困難を考える―施策に向けた総合的アプローチ』（埋橋孝文・矢野裕俊・田中聡子・三宅洋一編著、2019年、ミネルヴァ書房）、『貧困と生活困窮者支援―ソーシャルワークの新展開』（埋橋孝文・同志社大学社会福祉教育・研究支援センター編、2018年、法律文化社）などがある。

喜田崇之（きだ　たかゆき）〔第４章〕
弁護士（関西合同法律事務所）。専門分野は、労働問題（労働者側）、生活保護・困窮支援等。大阪弁護士会人権擁護委員会委員、泉佐野市情報公開審査委員長、大阪府生活困窮者自立支援相談事業相談担当弁護士（大阪市中央区、天王寺区、阿倍野区）、民主法律協会事務局次長。青年法律家協会、日本労働弁護団、自由法曹団のメンバー。主な弁護団活動として、年金引下違憲訴訟大阪弁護団事務局、生活保護訴訟大阪弁護団、枚方生活保護訴訟弁護団。著書に、『生活保護利用者をめぐる法律相談Ｑ＆Ａ』（大阪弁護士会貧困・生活再建問題対策本部編集、2014年、新日本法規出版）、『大阪市の生活保護でいま、なにが起きているのか』（大阪市生活保護行政問題全国調査団編集、2014年、かもがわ出版）、「枚方生活保護自動車保有訴訟判決報告―大阪地方裁判所平成25年4月19日判決」（『賃金と社会保障』1591・1592号、64頁）などがある。

孔栄鍾（ごん　よんじょん）〔第５章〕
大阪商業大学JGSS研究センターPD研究員。博士（社会福祉学）。韓国社会福祉士。専門は障害者福祉政策、障害者の貧困問題。主な著書・論文に、『介護保険制度と障害者福祉制度の「制度間調整」に関する研究：介護保険優先原則をめぐる「浅田訴訟」を手掛かりに』（2020年、佛教大学博士学位請求論文）、『ベーシックインカムを問いなおす―その現実と可能性』（佐々木隆治・志賀信夫編著、2019年、法律文化社）、「韓国における障害者貧困層の世帯構造による貧困状態の分析：韓国福祉パネルを用いて」（2019年、『関西社会福祉学』第５号pp.21-32）などがある。

福祉再考——実践・政策・運動の現状と可能性

2020年12月1日　初版第1刷発行

編 著 者　田中聡子／志賀信夫
著　　者　酒井珠江／片田正人／喜田崇之／孔栄鍾／安里長従
組　　版　キヅキブックス
発 行 者　木内洋育
編集担当　真田聡一郎
発 行 所　株式会社旬報社
〒162-0041
東京都新宿区早稲田鶴巻町544 中川ビル4F
TEL 03-5579-8973 FAX 03-5579-8975
HP http://www.junposha.com

印刷製本　中央精版印刷株式会社

ISBN 978-4-8451-1662-1　C0036